Der Bodensee – von hier ist der Süden zum Greifen nah: blühende Obstgärten, sonnendurchflutete Rebhänge, die Blütenpracht auf der Mainau, die glitzernde Wasserfläche des Sees ...

Martin Walser, Arnold Stadler, Hermann Hesse, Robert Gernhardt und viele andere mehr erzählen vom See, seiner Umgebung und seinen Menschen, entführen in eine der schönsten und vielfältigsten Landschaften Deutschlands. Die schönsten Bodenseegeschichten für Urlauber und Ausflügler, Sehnsüchtige und Träumer!

Johannes Winter wurde 1946 in Fulda geboren und lebt als Redakteur, Autor und Journalist in Frankfurt am Main. Er ist Mitbegründer der *taz*, arbeitete als Historiker über Themen der NS-Zeit und erhielt 1995 den Theodor-Wolff-Preis für essayistischen Journalismus.

insel taschenbuch 4140
Geschichten vom Bodensee

Geschichten vom Bodensee

Ausgewählt von Johannes Winter

Insel Verlag

3. Auflage 2016

Erste Auflage 2012
insel taschenbuch 4140
Originalausgabe
© Insel Verlag Berlin 2012
Quellennachweise am Schluß des Bandes
Vertrieb durch den Suhrkamp Taschenbuch Verlag
Umschlag: bürosüd, München
Satz: Satz-Offizin Hümmer GmbH, Waldbüttelbrunn
Druck: CPI – Ebner & Spiegel, Ulm
Printed in Germany
ISBN 978-3-458-35840-4

Inhalt

Eine Mänade im Sturm und die Zärtlichkeit
einer Gegend – *Das oberschwäbische Ufer*
von Meersburg bis Überlingen 91

Eine Reise im Ballon und Obstbäume in voller Blüte –
Von Immenstad über Friedrichshafen nach Lindau
und Bregenz 123

Der Müller im Thurgau und ein Wasserwald –
Von St. Gallen über Hauptwil nach Arenenberg 149

Der Kopfsprung, ein Naturphänomen
und die Lindenblüte – *Der Untersee, der Rheinfall,*
die Höri 173

Der See und seine Ufer
oder von der Sehnsucht nach dem Süden
Autorinnen und Autoren in der Dreiländer-Region um den Bodensee

Nicht nur den einen See gibt es, sagen die Leute am See. Das merkt man, wenn man sich ihm vom Badischen her nähert. Hier verläuft er sich, franst fjordartig aus in Buchten und Teiche, liebliche und rauhe, die Namen tragen wie Gnadensee oder Markelfinger Winkel. Dazwischen Halbinseln, schlank wie die Finger einer Hand. Der eigentliche, der Bodensee – von Oberschwaben, vom Vorarlberg oder vom Thurgau betrachtet –, gleicht einer wohlgefüllten Riesenwanne, die römische Historiker schon vor Zeiten recht poetisch vom ›Schwäbischen Meer‹ sprechen ließ. Ein Irrtum, wie sich später herausstellte. Zugänglich ist er beinahe überall, wirkt einladend, ohne verführerisch zu sein, ob er still ruht oder aufgewühlt ist. Mögen seine Ränder flach sein oder felsig, mag das andere Ufer zum Greifen nah sein oder weitab, außer Sicht ist es nie, und die fernen Gipfel der Alpen sind von Norden aus gesehen eine ewig großartige Kulisse.

Aber der See hat es in sich, hat gleichsam etwas zu verbergen, etwas, das in ihm verschwimmt, flüchtig ist. Seiner Länge nach bewegt sich im scheinbar stehenden Wasser ein unsichtbarer Strom. Das ist sein Besonderes. In seinen Tiefen fließt der Rhein. Geradezu sanft taucht er, aus den Alpen kommend, im Osten ein und macht sich, wenn er im Westen herausstürzt, spektakulär davon, im Rheinfall von Schaffhausen.

Kommt der Sommer, nahen die Monate der Wärme und

des Lichts, so wird er zum gefühlten Binnenmeer, seine Küsten, seine Wellen zum Ziel unserer Urlaubssehnsüchte. Schon südlich ist die Bodenseewelt aus Wind und Wasser, Sonne und Wolken, Obst und Wein. Wir fühlen uns angezogen. Von der mediterranen Heiterkeit, die der See unterm Voralpen-Himmel ausstrahlt mit den hingetupften bunten Segeln, von seinen so unterschiedlichen Buchten und Ufern, von seinen Inseln, Städten und Dörfern. Vielleicht auch vom Schauder, den er auslösen kann, wenn es einmal düster wird und stürmt.

Viele Autoren haben ein Gespür dafür. Darum besingen sie ihn oder nutzen ihn als Bühne. Sie bringen uns seine Farben-, seine Himmels-, seine Wasser- und seine Uferlandschaft nahe. So ist er für den Schriftsteller Martin Walser ein »Freund«. Am See empfindet Walser, der hier lebt und bleibt, die »Nähe der Unendlichkeit«. Die Dichterin Annette von Droste-Hülshoff war lange Jahre in Meersburg zu Hause, sie schwärmt von seiner »sanften Zauberflut«. Auch die Schauspielerin Barbara Auer ist am See geboren, in Konstanz. Sie ist beeindruckt von seiner »dramatischen Schönheit« und hat ihn zu ihrem »silbern glitzernden Hüter« erkoren. Oder der Philosoph Leopold Ziegler, der vom »Pathos seiner Geräumigkeit« schreibt.

Der literarische Reiseführer teilt die Landschaft der Ufer in sechs Kapitel oder Etappen auf. Er begleitet und regt an, ihre Vielfalt kennenzulernen, zu Fuß, mit dem Fahrrad, mit dem Auto, dem Zug, mit dem Boot, der Fähre oder auch mit dem Zeppelin – in der Luft, zu Wasser oder zu Lande.

Der deutsche Name des Sees ist übrigens uralt und nicht so banal, wie mancher glauben mag. ›Bodensee‹ stammt von der ehemaligen Königspfalz Bodman. Übriggeblieben ist eine Ruine neben einem winzigen uralten Dorf dieses Namens an der nordwestlichen Bucht, die Überlinger See heißt. In etlichen Sprachen Europas aber ist die Stadt Konstanz Namensgeber, ob Lake Constance, Lac de Constance oder Lago di Costanza.

Auf der **ersten Etappe** ist zu entdecken, was Autoren im allgemeinen und im besonderen über den See und seine Ufer spüren oder denken, wie sie ihre Eindrücke, Vorlieben und Neigungen in sprachliche Bilder und Sehnsüchte formen, wie sich der See und seine Ufer in ihren Texten spiegeln, gleichsam in einem Rundflug die Küste entlang. *Fritz Mühlenweg* macht sich einen Reim auf die schwierige Frage nach dem »Wohin am Bodensee«. *Barbara Auers* Hymne auf Konstanz schließt sich an und *Martin Walsers* »Heimatlob«. *Gustav Schwabs* berühmte Ballade »Der Reiter und der Bodensee« und *Robert Gernhardts* kongenialer »Bodenseereiter« bieten sich zur Rezitation auf einer Rast auf einer einsamen Bank an. Der Schweizer *Dino Larese* singt ein Loblied auf den See. Die Piranha-Phantasie von *Marianne Ulrich* spielt auf dem Wasser. *Maré Stahl* gibt sich mit ihrer kleinen Fischkunde eher kulinarisch. *Heinrich Hannover* läßt sich zu seinem Märchen von den »Birnendieben« anregen. *Golo Mann* erinnert sich »mit wehmütigem Vergnügen« an seine Jahre auf beiden Seiten des Sees. Der Philosoph *Leopold Ziegler* verspürt vor allem im Angesicht der Farbenpracht große Gefühle.

Die **zweite Etappe** beginnt in Konstanz, dem kulturellen Zentrum der Region. Die Stadt liegt an der Spitze der Halbinsel Bodanrück(en) zwischen Ober-, Unter- und Überlinger See, den westlichen Ausläufern, die ins Badische hineinragen. Konstanz war freie Reichsstadt und Sitz eines Konzils, das nicht nur einen Papst wählte, sondern auch den Prager Kirchenreformer Johannes Hus einlud, um ihn dann zum Tod auf dem Scheiterhaufen zu verurteilen. Man verbrannte seine Bücher und schließlich ihn selbst. Zu erwandern ist eine wunderschöne Altstadt, der Stadtteil Niederburg, die einzige Enklave am See, die eine innerstädtische Grenze mit dem schweizerischen Kreuzlingen hat.

Konstanz ist nicht zuletzt auch Bühne für die provokativen Werke des Bildhauers Peter Lenk. Sein »Triumphbogen« genannter Brunnen versammelt eine Gruppe phantastischer Gestalten, während die mächtige Statue der »Imperia« in der Hafeneinfahrt eine Kurtisane des Konzils darstellt. Es ist ein Kunstwerk, das die örtliche Politik wie auch den Klerus mit seiner heiteren Schamlosigkeit zunächst einigermaßen aus der Fassung gebracht hat. Inzwischen aber gilt die Nachbildung der literarischen Figur der »Schönen Imperia«, welche wir Honoré de Balzac verdanken, als Attraktion.

Hans Scherer schwelgt von der »Sommerstadt«, *Bruno Epple* erinnert an den Reformator Jan Hus, während *Rainer Maria Rilke* Konstanz seine lyrische Referenz erweist. *Wilhelm Hausenstein* führt als Cicerone durch die Gassen, vorbei am Münster und an der Markthalle, in der vor knapp 600 Jahren ein Papst gewählt wurde. Von hier führen viele Wege übers Wasser. Mit der Fähre gelangen wir an nahe oder ferne Ufer. Nur einen Katzensprung entfernt liegen die Reichenau und die Mainau, berühmte Inseln, denen die Autoren *Emanuel von Bodman* und *Johannes Bobrowski* gewogen sind.

Ulrike Längle lotst Besucher auf ein Schiff der Weißen Flotte und jagt ihnen beim »Untergang der ›Romanshorn‹« einen Schrecken ein, *Norbert Jacques* nicht zu vergessen. Er ist der Autor des Bestsellers »Dr. Mabuse«, den Fritz Lang verfilmte.

Auf dem Bodanrück(en), der Reichenau gegenüber, liegt Allensbach, die Adresse der deutschen Demoskopie schlechthin. Von den Anfängen berichtet die Hausherrin selbst, *Elisabeth Noelle-Neumann*, die ›Pythia vom Bodensee‹. Auch das Haus von Fritz Mühlenweg kann man besichtigen. Auf der anderen Seite der Halbinsel, am Überlinger See, liegt Dingelsdorf. Heutzutage lebt hier niemand mehr von Fischen. Aber *Wilhelm Messmer*, der selbst täglich auf den See hinausfuhr, weiß immer noch eindrucksvoll davon zu erzählen.

In der **dritten Etappe** setzen wir von Konstanz mit der Fähre über und gelangen an das nördliche Ufer des Überlinger Sees. Die Region heißt Oberschwaben, gehört zu Württemberg und ist die Heimat des Alemannischen. Und natürlich die Heimat der Schupfnudeln, gefertigt aus Kartoffelteig, die ihren Platz hat neben der großen schwäbischen Nudelteig-Familie der Spätzle, Knöpfle und Maultaschen. Unser Ziel ist Meersburg, das der Dichterin *Annette von Droste-Hülshoff* seinen Ruf als Stadt der Literatur verdankt. Sie ist der »Stolz des Friedhofs und der Stadt«, wie *Harriet Straub* schreibt, die Frau des Philosophen Fritz Mauthner, der hier lebte und begraben ist.

Die *Droste*, wie sie gern genannt wird, dichtete über den »Sommer« und schrieb das Gedicht »Am Turme«, dem der Bildhauer Peter Lenk die Anregung zu seiner »Magischen Säule« verdankt. Am Ufer entlang in Richtung Westen gelangen wir nach Birnau, wo die Wallfahrtskirche St. Maria wie auf einem Balkon über dem See thront. Sie gilt als bedeutendste Barockkirche der Region und bietet den Besuchern einen prächtigen Ausblick. Rundum ist Walser-Land, sein Personal der Novelle »Ein fliehendes Pferd« ist hier zu Hause, im benachbarten Nußdorf lebt *Martin Walser* selbst. Man kann gar nicht genug bekommen von seinen Betrachtungen über den See, ob »Fortgesetzte Naturnotiz«, »Wechsel« oder »Zärtlichkeit«. Es sind Bilder einer Landschaft, in die auch die Tochter *Johanna Walser* hineingeboren wurde. Von ihrer Zuneigung zum See erzählt ein Text, den sie »Windhostie« nennt.

Wir erreichen Überlingen, hier war *Ernst Jünger* ebenso zu Hause wie sein Bruder *Friedrich Georg Jünger*, der eine auf immer, der andere für einige Jahre. Der eine, Ernst, verfaßt die »Marmorklippen« oberhalb der »Marina« – dahinter verbirgt sich wohl der Bodensee. Der andere, Friedrich Georg, genießt promenierend seine »Wanderungen um einen See«. Die »Konzertmuschel« von Überlingen ist *Arnold Stadler* eine kleine Liebesgeschichte wert. Am Hafen gibt es ein Wiedersehen mit Peter Lenk. Sein Bodenseereiter-Brunnen setzt Martin Walser, dem berühmtesten Dichter am See, ein groteskes Denkmal.

Wenden wir uns auf der **vierten Etappe** nach Osten, so gelangen wir zunächst nach Immenstaad, dem sich *Hanspeter Wieland* widmet. Wie alle Autoren, die vom nördlichen Seeufer nach Süden blicken, hat er diesseitig allerlei Obstbäume vor der Nase, auf der gegenüberliegenden, der Schweizer Seite aber bleiben seine Augen an der schneebedeckten Alpenkette mit dem alles überragenden Gipfel des Säntis hängen. Nur wenige Kilometer weiter liegt Friedrichshafen. Die Stadt des Zeppelins ist zugleich die einzige Industriestadt am See, der hier Obersee heißt. Schwerpunkt Rüstungsindustrie. *Hermann Hesse*, dem wir auf der sechsten Etappe wiederbegegnen werden, hat einmal eine Fahrt mit dem Luftschiff über den See erlebt und erzählt davon in seiner »Spazierfahrt in der Luft«. Das Friedrichshafener Zeppelin-Museum präsentiert die weltgrößte Sammlung zur Geschichte der Luftfahrt. Im Sommer findet jährlich nicht nur das »Kulturufer« genannte Theater-Festival statt, sondern auch das beliebte ›Seehasenfest‹. Als Seehase, dies sei angemerkt, versteht sich, wer hier geboren ist.

Wir kommen nach Wasserburg im kurzen Uferstück, das zu Bayern gehört. Es ist *Martin Walsers* Geburtsort, in der Bahnhofswirtschaft kam er zur Welt. Sie ist es, die ihm Stoff gibt für eine Erinnerung an seinen Geburts-Tag. Wasserburg mit seiner malerischen Halbinsel ist auch Schauplatz der Romanfigur des »Lieben Augustin«. Im Pfarrhaus hat Augustin Sumser seine Kinderjahre verbracht. Daran erinnert eine Bronzefigur im Hafen. Auf dem Friedhof ist das Grab seines Schöpfers *Horst Wolfram Geißler* zu finden, seinen Roman nannte er die »Geschichte eines leichten Lebens«, in der er seinen Augustin am Ufer entlangwandern läßt, als »Held, der keiner ist«.

Irgendwann kommt der Geigenbauer Augustin auch ins bayerische Lindau, das auf einer Insel im Obersee liegt, mit Brückenverbindung zum Festland.

Ein echter Bayer auf Besuch war der Dichter und Sänger *Karl Valentin*. Eines Tages näherte er sich gemeinsam mit Liesl Karlstadt der Stadt auf der Fähre. Als er in Lindau an Land ging, sei er »blaß wie eine Kernseife« gewesen. Schreibt er. Grund war ein mächtiger Sturm. Nachhaltig ist er beeindruckt und schmeckt ihn nach. Der bayerische Löwe, der den Hafen bewacht, war seine Rettung. Er ist auch für den Autor *René Schickele* nicht zu übersehen.

Gleich nebenan, am östlichen Ende, gehört der See ein Stück weit zu Österreich. Genauer gesagt, zum Vorarlberg. Dessen Hauptstadt ist Bregenz mit seiner spektakulären Seebühne. Die Stadt wird überragt vom Gebhardsberg, ihrem Hausberg am Rande des Pfänder, auf den eine Seilbahn führt. Vom Wetter hängt es ab, ob der Blick über den langgestreckten See bis zum fernen Konstanz mit seinem Münsterturm einem den Atem raubt. Durch den Bregenzer Wald führt auch ein Käselehrpfad, von dem man einen Vorgeschmack auf die Delikatessen der Region erhält.

Die **fünfte** Etappe führt auf die südliche, die Schweizer Seite. Doch zunächst heißt es, den noch jungen Rhein zu überqueren, der hier als Kanal eingefaßt ist. Neben dem österreichischen Dörfchen Fußach verschwindet er zügig im See, um sich am anderen, dem westlichen Ende bei Schaffhausen in die Tiefe zu stürzen, im Rheinfall. Neben der Mündung bildet er mit dem Altrhein ein Delta, das vor allem für Vogelfans attraktiv ist. Bei Rheineck erreichen wir die Grenze zur Schweiz. Valuta-Wechsel ist angesagt. Der Thurgau lädt, wie das nördliche, das oberschwäbische Ufer, ein zum Wandern, Radeln und Skaten. In jeder Beiz genannten Kneipe ist Apfelwein zu haben. Wein aus Trauben gibt es natürlich auch.

Einst hat ein Mann mit dem schlichten Namen Müller nach einer Bezeichnung für die heimische Traube gesucht. In seiner Not hat er den Namen des Kantons mit seinem eigenen verknüpft. Heraus kam »Müller-Thurgau«. Seine Kreation hat die Rebe unsterblich gemacht. Doch sie wächst nicht nur hier, sondern auch auf der nördlichen, der oberschwäbischen Seite. Sie ist wahrhaftig am See zu Hause. Zwei Drittel aller Weine der Region stammen aus dieser Traube.

Die kleine Weinlehre im Kopf, starten wir mit einer Liebeserklärung von *Dino Larese* an »Das Schweizer Ufer«. Wir nähern uns Rorschach, wo die Autorin *Verena Kast* ihre Ausbildung als Lehrerin gemacht hat. Sie erinnert sich an ihre Kindheit in einem Bauernhaus im Appenzellerland, mit Blick auf den See. Ob *Golo Mann* dem Wein mit dem betulichen Doppelnamen zugesprochen hat, wissen wir nicht. Er lebte jedenfalls immer wieder gern im Hinterland von Romanshorn und arbeitete hier, schrieb unter anderem seine »Deutsche Geschichte des 19. und 20. Jahrhunderts«. Er entspannte sich bei Wanderungen am südlichen Ufer und erzählt, wie er sie bis zum Untersee ausdehnte, nach Schloß Arenenberg oder Schloß Salenstein.

Wir bleiben am schweizerischen Seeufer. Landeinwärts liegt St. Gallen, Sitz einer Universität, aber vor allem der Sitz der Stiftsbibliothek des ehemaligen Klosters. Sie ist eine der ältesten Europas und besteht seit weit über tausend Jahren. Ein architektonisches Juwel und daher für kunsthistorisch Interessierte nicht verzichtbar ist der Bibliothekssaal im Rokokostil. Den Mönchen des Klosters verdanken wir wahre Schätze der Buchkunst, darunter kostbare Handschriften lateinischer und biblischer Texte.

Für einige wenige Monate war Friedrich Hölderlin in der Gegend, er arbeitete als Hauslehrer in Hauptwil in der Nähe von St. Gallen bei einer Industriellenfamilie, deren Töchter er zu unterrichten hatte. *Dino Larese* erzählt, wie er gemeinsam mit Martin Heidegger auf Hölderlins Spuren wandelt. Utwil, »das Dorf der Dichter und Maler«, hat *Nikolaus Schubert* porträtiert – eine frühe Landkommune aus Künstlern, Schauspielern, Architekten. Zu ihnen hätte *Beat Brechbühl* gehören können, ein Schweizer Autor, der uns mitnimmt in seinen phantastischen Wasserwald.

Auch auf der **sechsten Etappe** bleiben wir im Thurgau und gelangen zum Ufer des Untersees, wie der südwestliche Ausläufer des Bodensees genannt wird. Wir nähern uns Kreuzlingen, das mit Konstanz durch eine Grenzstation eher verbunden als getrennt ist, und kommen in das Dörfchen Gottlieben mit seiner Seepromenade. Ein Schloß steht hier, das zugleich Wohnung ist von *Lisa della Casa*, der Primadonna, die eigentlich aus dem Tessin stammt. Hier lebt sie, liebt das Wasser und erzählt von einem »Kopfsprung in den See«.

Bald verengt sich der Untersee, man könnte ihn mit dem Ruderboot überqueren, wie es Hermann Hesse oft tat, allmählich wird er zum Fluß. Zum Rhein, der hier Hochrhein heißt. Bei Diessenhofen führt eine überdachte Holzbrücke ins badisch-deutsche Gailingen hinüber.

Wer mag, stattet dem Naturwunder bei Schaffhausen einen Besuch ab. *Theodor Fontane* beschreibt seine Eindrücke in einem Brief an seine Frau, verspürt »Erstaunen am Rheinfall«, dem größten Wasserfall Europas, und vergleicht ihn sogar mit den Niagara-Fällen. Bei Stein am Rhein nutzen wir die »Rhingass« genannte Brücke, um überzusetzen, und betreten bald badischen Boden.

Wir nähern uns der Halbinsel Höri – »jetzt höri auf«, soll der liebe Gott gesagt haben, als er zum guten Schluß der Erschaffung der Welt das Paradies am Untersee geformt hatte. Vielleicht zeugt im Frühsommer das Blütenmeer der Obstwiesen noch von diesem Stück biblischer Geschichte. Heute sind sie durchzogen von Wander- und Radwegen. In Wangen verbrachte *Jacob Picard* seine Kindheit, eine jüdische Kindheit, von der er in seiner »Erinnerung« erzählt, nachdem er zurückgekehrt war aus den USA, wo er überlebt hatte.

In Gaienhofen begegnen wir einer Skulptur des Bildhauers Peter Lenk. Mit seiner »Dix-Kurve« hat er dem Maler Otto Dix, der hier viele Jahre lebte, ein Denkmal gesetzt. Gaienhofen aber ist und bleibt der Ort von *Hermann Hesse*. Sein ländliches Asyl. Mit dem Honorar seines ersten Bestsellers »Peter Camenzind« hat er sich hier angesiedelt. Später kauft er das »Haus am Erlenloh«, das heute Museum ist, und beendet darin die Erzählung »Unterm Rad«. Immer den See vor Augen und immer wieder »Dem Sommer entgegen«, von der »Lindenblüte« schwelgend. Glückliche Jahre, die Hesse mit dem Freund *Ludwig Finckh* teilt, der sich an das Bauernhaus von »Peter« erinnert. *Alissa Walser* hat Hesse nachgeeifert. Auch sie lebte auf der Halbinsel und genoß sie. Im Brief an eine Freundin schildert sie das Leben auf der Höri.

Von Fischern, Reitern und Birnendieben
Rundflug oder: Lob des Schwäbischen Meeres

Fritz Mühlenweg
Wohin am Bodensee?

Auf dem Spiegel mit dem grünen Rahmen
weht der weißen Schiffe schwarzer Rauch,
alle Schiffe haben einen Namen,
und die Haltestellen auch.
Da beginnt die Wahl zu quälen:
Soll ich Langenargen oder Meersburg wählen,
Überlingen oder in der Bucht
Ludwigshafen? Bodman, die Marienschlucht,
Mainau, Konstanz oder Stein?
Keine Lösung fällt dem Wandrer ein.
Ihm wird heiß. Der Kapitän bleibt kalt.
»Volldampf! – Langsam« ruft er und dann: »Halt!«
Er, der dieses Meer schon lang befährt,
er ist weise. »Wählen ist verkehrt«,
sagt er, »sieh dir alles an, doch weile
überall. Die Fehler liegen in der Eile.«

Barbara Auer
Der See, mein silbern glitzernder Hüter

»Lieblich«, »sonnig«, »mild« und »heiter«? – Der Bodensee weckt Impressionen. Meine erste kindliche Erinnerung an den See ist eine andere. Tief hängende Wolken, aufgewühltes, dunkel-hell-grünes Wasser. Sturmwarnung für die weißen Segler, für die Motorboote und das bunte Völkchen von Surfern. Eine dramatische Schönheit also.

Der Bodensee. »Mein Bodensee«. Daheim, in Konstanz, sprachen wir nur vom »See«, das genügte. Erst in Hamburg, meiner jetzigen Wahlheimat, gewöhnte ich mir das verbindliche kartendeutsche »Bodensee« an. Nur noch gelegentlich gestatte ich mir die im kühlen Norden gewagte Übertreibung »Schwäbisches Meer«.

Noch einmal. Meine Erinnerung an den See: Stimmung schon, aber alles rauher. »Er«, eine Respektsperson. Auch heute noch – denke ich in Kindheitsbildern an ihn zurück. Obwohl wir voneinander in den vergangenen Jahren wenig hatten und vor den Toren der Hansestadt eine große Konkurrenz, »die See«, die Nordsee, liegt.

Keiner, der an den Ufern des Bodensees lebt, sozusagen im »Wasserglück« (B. Epple), Tag für Tag, Monate, Jahre; vielleicht ein ganzes Leben lang, kann den See fliehen. Das weiß ich noch gut. Es gibt immer wieder Ausreißversuche, sie enden selten erfolgreich. Schlichtes Wegsehen gelingt nicht. Man nimmt das Wasser von fast überallher wahr, es fesselt die Sinne. Und wenn man es nicht mit eigenen Augen sieht, dann riecht man es. Keiner kann dieser andauernden, trotz ewigen Alters ewig jungen Schönheit widerstehen. Das gilt auch für Nichteingeborene. Die Halbwertszeit dieser Erinnerung, sie strebt ins Unendliche.

Wenn ich, irgendwo in Europa, in einem Gespräch allzu leichtfertig bekenne, wo ich geboren wurde, »in Konstanz, am Bodensee«, bekomme ich von meinem Gegenüber regelmäßig sein angestautes kapitales Wissen »Bodensee« gleich mit auf den Weg. Am Ende steht dann die eher vorwurfsvolle Frage, warum einen diese Postkartenidylle nicht mehr beherberge. Ich höre das nicht ungern, das gebe ich zu. Doch manchmal nervt dieser Einzigartigkeitston. Castrop-Rauxel zum Beispiel wäre da einfacher, denke ich. Wer kennt diese gewiß nicht unansehnliche Stadt, wer schon verfiele gleich ins Schwärmen. Aber Konstanz am Bodensee? Dieser einzige Gunstraum, dieser Vorgeschmack aufs Paradies! – Die Menschen am See wissen, was sie an diesem himmlischen Geschenk haben. Doch habe ich manchmal das Gefühl, daß es sie eingebildet und kurzsichtig macht: Warum etwas kritisch betrachten oder verändern, wo doch alles so schön ist!

Ich war 19, hatte das Abi gerade in der Tasche, als ich dem See den Rücken kehrte. Ich wollte möglichst weit weg. Es war wohl die angedeutete Enge der Kleinstadt, die mich forttrieb, der Wunsch nach mehr Anonymität, und gewiß war auch pubertärer Erfahrungshunger ein Motiv.

Aber darüber hinaus setzte ich mir ein kühnes Ziel. Die junge Konstanzerin mit den schwarzen Haaren, braunen Augen und dem Seesack auf dem Rücken wollte nicht nur zu einem neuen, großstädtischen (Selbst-)Bewußtsein kommen. Ich wollte Schauspielerin werden. In Hamburg hatte ich auf Anhieb einen Platz an der Schauspielschule ergattert. Und das ohne jegliche Erfahrung mit der Schauspielerei – nicht einmal in der Schule hatten wir zu meiner Zeit eine Theatergruppe. Einen regelmäßigen, doch in meiner jugendlichen

Hybris wenig beeindruckenden Anschauungsunterricht gab es am Stadttheater Konstanz (gespielt habe ich dort noch nie), manchmal auch am Zürcher Schauspielhaus.

Mein »süddeutscher Dialekt«, für den ich mich damals in Hamburg schrecklich genierte, ein Alptraum für meine resolute Phonetikerin, war am Ende überhaupt kein Hindernis für meine berufliche Laufbahn. Viele Jahre später, in einem Film von Hark Bohm (»Herzlich willkommen«, 1990), durfte ich sogar auf Anweisung des Regisseurs wieder im Dialekt schwelgen. Die Rolle machte Spaß, der Film kam, glaube ich, auch beim Kinopublikum gut an.

Heimatlob! Ist es nötig anzumerken, daß ich heute, etwas älter und gereift, wieder stolz auf mein »Konschtanzerisch« bin? In der Sprache der See-Landschaft ist mein Zuhause. Erst in der geographischen Ferne ist mir diese Nähe allmählich aufgegangen.

Der Abschied, wie gesagt, fiel mir damals, 1978, leicht. Der Bodensee, die grenzüberschreitende Kultur- und Geschichtslandschaft, für die ich erst jetzt offen bin, spielte in dieser jugendlichen Rechnung keine große Rolle. Meine Mitschüler am Suso-Gymnasium (»Seuse«, auch so ein Übervater dieser Landschaft) und viele Freunde waren in die sogenannte weite Welt hinausgeflogen. Auch sie waren nicht besonders anfällig für eine »friedliche« Landschaft.

Mich hielt wohl am wenigsten die Selbstgenügsamkeit und Selbstbescheidung mancher erwachsener Zeitgenossen. Sie langweilten nur. Daß ich ihnen womöglich unrecht getan haben könnte – das sollte mir später klarwerden. Heute erkenne ich in der Selbstbeschränkung auch eine Tugend. Jetzt ist es die Ausgebufftheit vieler Metropolisten, die mir oft den Atem nimmt und mich manchmal klammheimlich an Umkehr denken läßt.

Meine Kindheit und Jugend »mit« dem See: Nichts Aufregendes, nichts Auffälliges. Kaum der Rede wert. Keine Lebensphase, die zu Elegien Anlaß geben könnte. Zu früh probte ich den Ausstieg. Soll ich wirklich erzählen?

Gut. Da waren sommerliche Badefreuden mit den Eltern am »Hörnle« oder im »Rheinstrandbad«, winterliche Schlittschuhfahrten auf dem gefrorenen Untersee am Wollmatinger Ried oder vor der malerischen Kulisse »Reichenau im Dunst«.

Apropos Reichenau: Bei Film- oder Theaterrollen, die ein bestimmtes Gefühlsrepertoire erfordern, rufe ich oft Bilder im Kopf ab. Ein immer wiederkehrendes Motiv ist der Damm, der das Festland mit der Halbinsel verbindet. In der Hälfte des Wegs steht, wie ein Zitat aus einem Friedrich-Gemälde, eine Ruine. Ich bin noch nicht ganz dahintergekommen, was es mit dieser Momentaufnahme auf sich hat. Sie rührt mich an. Steht sie für das »missing link« namens Heimat?

Während der Gymnasialzeit, in den Jahren der Hesse-Lektüre (daß der Nobelpreisträger auf dem »Gottesacker« Höri gelebt hat, wußten wir natürlich), war der See der romantische Ort. Ich erinnere mich, wenngleich etwas verschämt, an erste »ernste« Gespräche mit Freunden am Feuer in der »Schmugglerbucht« oder am Allmannsdorfer Wasserwerk. Manchmal zogen wir schon um sechs Uhr morgens los zu den »geheimen« Plätzen, die freilich jeder kannte. Wir frühstückten, badeten, redeten oder träumten uns über den See hinaus ins Universum – bis die Schule, die »andere« Realität, uns wiederhatte.

Nein, es war bestimmt keine schlechte Zeit. Wir waren, schaue ich auf Jugendliche von heute, große und blauäugige, idealistisch gestimmte Kinder. Die Freiräume sind enger geworden, der Leistungsdruck gewaltiger. Der See ist gewiß ein

Freund. Der See meiner Träume und Wünsche war auch mir damals ein silbern glitzernder Hüter. Doch.

Der See, denke ich jetzt manchmal, wenn »mein Hamburg« mich total verunsichert oder mich in rosa Wolkenhöhen treibt, ist nur gut zum Aufwachsen. Oder, denke ich weiter, ein guter Fleck zum Sterben.

Doch nicht etwa um diese ketzerische Auffassung zu bestätigen, reise ich wenigstens einmal jährlich an den See. Meine Familie lebt in Konstanz. Mein Sohn Samuel, der besonders die Sprache »dieser Süddeutschen« lustig findet, will seine Omi drücken. Meine Wurzeln sind hier. Und Begegnungen sind, wenn auch seltener, immer noch möglich. Daß ich am See arbeite, kommt kaum vor. Ein Filmprojekt mit Douglas Wolfsperger (»Probefahrt ins Paradies«, 1992) war bisher die große Ausnahme. Vielleicht braucht, wer hier lebt, den Arbeitsalltag. Während der Dreharbeiten am Untersee und auf der Fähre Meersburg – Konstanz machte ich die Erfahrung, die Schönheit der Landschaft zu genießen, ohne die Realität zu vergessen.

Mit dem Zug »rauf« an den See. In Offenburg empfinde ich eine erste seltsame Aufgeregtheit. Von Engen an stehe ich am Zugfenster, in Singen glaube ich schon den Geruch des Wassers in der Nase zu spüren, in Radolfzell sehe ich ihn endlich. – Der See. Ein Befreiungsschlag.

Das ist seit 15 Jahren so. Es ergeht anderen reuigen Heimkehrern ähnlich. Bei manchem beginnt das Autofahrerherz auf dem Hegaublick zu pochen. Zum aufgeregten Glück gesellte sich in den ersten Jahren meiner Heimkehr eine fast schon obligatorische Enttäuschung. Ich will das nicht verhehlen. Da war der dominierende Eindruck des »Stillstandes«. Schon in Petershausen stand das Urteil fest, die Fahrt über die alte Rheinbrücke, nur Sekunden später, bestätigte alles.

Arrogante Weltläufigkeit! Auch hier hat sich mein Blickwinkel verändert. Stille ist das, denke ich aus der Ferne, kein Stillstand. Wer von Zurückgebliebenheit am See redet, muß sich an seinem falschen grünen Bart zupfen. Die früher gefürchtete Überschaubarkeit ist heute ein gesuchter Zustand, auch von mir. Natur und Kultur sind hier ein seltenes Bündnis eingegangen. Nein, Monumentalität gedeiht am See nicht, und das ist auch gut so. Der Hochgeschwindigkeitskurs der Metropolen, anders: ihr »rasender Stillstand«, würde allein Schaden anrichten. Der See ist noch, wie Manfred Bosch in seinem Beitrag für den ersten Band von »Mein Bodensee« notierte, »eine Gegend für Menschen. Eine Gegend für Menschwerdung, aufrechten Gang, Demokratie«. – Aber warum schreibe ich das? Die See-Anrainer wissen das ohnehin. Vielleicht zu gut?

Der Bodensee. »Mein Bodensee«. Ob ich wohl dem Norden den Rücken kehre? Wieder an den See, an diese rhetorisch vielbefahrene Unbestimmtheit, zurückkehre?

»Mögen hätt' ich schon wollen, aber dürfen hab ich mich nicht getraut.« Der Schwanengesang Karl Valentins, ein Münchner Kindl (ein kleiner Teil des Sees gehört ja den Bayern), dessen kurioses Werk ich mag und das, wie ich hörte, von Lehrern der Universität Konstanz herausgegeben wird. – Vielleicht hat jedes Alter tatsächlich seinen Platz. Das Bedürfnis nach Wiederannäherung, nach Aufhebung von Distanz ist ein Dauergefühl. Aber es schlägt noch nicht durch. Der See hat Zeit.

Martin Walser
Heimatlob mit Legende

Unsere Hügel sind harmlos. Der See ist ein Freund. Der Himmel glänzt vor Gunst. Wir sind in tausend Jahren keinmal kühn. Unsere sanften Wege führen überall hin. Wir schmeicheln uns weiter und wecken jede Stelle durch einen Kuß. Kirschen, Äpfel, Trauben und Birnen reichen sich glänzend herum. Zwischen wachsamen Heiligen lachen wir laut. Die Luft ist süß von Geschichte, von Durchdachtheit klar. Der Föhn malt auf Goldgrund die Nähe der Unendlichkeit. Wer Möven möchte, braucht nur an Brot zu denken, und sie machen für ihn Kunstflugtag. Schwäne ziehen als andere Gedanken im Wasser die kurze Spur der Gegenwart. Wo sind jetzt Frauen? Die Hügel haben welche versprochen. Wie das Wasser dich faßt, ist genau so zweideutig.

Und die Parfüms, die aus den Gärten auf die Straßen drängen, lassen sich erleben als Anfassen mit Schrei. Jetzt soll's mit bloßem Gesicht durch Maienblüten gehen.

Ich liebe den See, weil es sich bei ihm um nichts Bestimmtes handelt. Wie schön wäre es, wenn man sich allem anpassen könnte. Auf nichts Eigenem bestehen. Nichts Bestimmtes sein. Das wäre Harmonie. Gesundheit. Ichlosigkeit. Todlosigkeit. Aber nein, dauernd muß man tun, als wäre man der und der. Und genau der stirbt doch.

Es ist das viele Leben hier, das den Tod anzieht. Alles rast und stockt. Die Augen wenden sich hin und her. Es blitzt die Farbe. Wer jetzt hinkniet, trompetet die Gelegenheit, ist eine Frau. Daß Früchte Arbeit sind, sei momentan vergessen. Durch eine blaue Haut sinkt man ins goldene Zwetschgenfleisch und hat mit Saft zu tun und Überfluß. Die Traube platzt, der Herbst gibt Feuer, ein Winter stillt die fremden Kinder an der Tiefkühlbrust. Zum Summen humpeln Dezember und Januar her.

Gustav Schwab
Der Reiter und der Bodensee

Der Reiter reitet durch's helle Thal,
    Auf Schneefeld schimmert der Sonne Strahl.

Er trabet im Schweiß durch den kalten Schnee,
    Er will noch heut an den Bodensee!

Noch heut mit dem Pferd in den sichern Kahn,
    Will drüben landen vor Nacht noch an.

Auf schlimmem Weg, über Dorn und Stein,
    Er braust auf rüstigem Roß feldein.

Aus den Bergen heraus, ins ebene Land,
    Da sieht er den Schnee sich dehnen, wie Sand.

Weit hinter ihm schwinden Dorf und Stadt,
    Der Weg wird eben, die Bahn wird glatt.

In weiter Fläche kein Bühl, kein Haus,
    Die Bäume gingen, die Felsen aus;

So flieget er hin eine Weil' und zwei,
    Er hört in den Lüften der Schneegans Schrei;

Es flattert das Wasserhuhn empor,
    Nicht anderen Laut vernimmt sein Ohr;

Keinen Wandersmann sein Auge schaut,
    Der ihm den rechten Pfad vertraut.

Fort geht's, wie auf Sammt, auf dem weichen Schnee,
    Wann rauscht das Wasser, wann glänzt der See?

Da bricht der Abend, der frühe, herein:
    Von Lichtern blinket ein ferner Schein.

Es hebt aus dem Nebel sich Baum an Baum.
    Und Hügel schließen den weiten Raum.

Er spürt auf dem Boden Stein und Dorn,
    Dem Rosse giebt er den scharfen Sporn.

Und Hunde bellen empor am Pferd,
    Und es winkt im Dorf ihm der warme Herd.

»Willkommen am Fenster, Mägdelein,
    An den See, an den See! wie weit mag's seyn?«

Die Maid sie staunet den Reiter an:
    »Der See liegt hinter dir und der Kahn,

Und deckt' ihn die Rinde von Eis nicht zu,
    Ich spräch:, aus dem Nachen stiegest du.«

Der Fremde schaudert, er athmet schwer:
    »Dort hinten die Ebne, die ritt ich her!«

Da recket die Magd die Arm in die Höh':
    »Herr Gott! So rittest du über den See:

An den Schlund, an die Tiefe bodenlos,
　　Hat gepocht des rasenden Hufes Stoß!

Und unter dir zürnten die Wasser nicht?
　　Nicht krachte hinunter die Rinde dicht?

Und du wardst nicht die Speise der stummen Brut,
　　Der hungrigen Hecht' in der kalten Flut?«

Sie rufet das Dorf herbei zu der Mähr',
　　Es stellen die Knaben sich um ihn her;

Die Mütter, die Greise, die sammeln sich:
　　»Glückseliger Mann, ja, segne du dich!

Herein zum Ofen, zum dampfenden Tisch,
　　Brich mit uns das Brod und iß vom Fisch.«

Der Reiter erstarret auf seinem Pferd,
　　Er hat nur das erste Wort gehört.

Es stocket sein Herz, es sträubet sich sein Haar,
　　Dicht hinter ihm grinst noch die grause Gefahr.

Es siehet sein Blick nur den gräßlichen Schlund,
　　Sein Geist versinkt in den schwarzen Grund.

Im Ohr ihm donnert's wie krachend Eis,
　　Wie die Well' umrieselt ihn kalter Schweiß.

Da seufzt er, da sinkt er vom Roß herab,
　　Da ward ihm am Ufer ein trocken Grab.

Robert Gernhardt
Bodenseereiter

Zur Melodie des Lennon/McCartney-Titels
»Paperback writer« und nach Motiven der Ballade
»Der Reiter und der Bodensee« von Gustav Schwab

Ein Mann wollte schnellstens von A nach B,
zwischen A und B lag der Bodensee,
der im kältesten Winter seit hundert Jahr
von A bis B zugefroren war:

Bodenseereiter, Bodenseereiter,
wie kommst du weiter?

Frischer Schnee, der deckte das blanke Eis,
doch was einer nicht weiß, das macht ihn nicht heiß.
Unser Mann ahnte nichts von dem See unterm Schnee,
also ritt er über den Bodensee:

Bodenseereiter, Bodenseereiter,
wie geht es weiter?

Bald schon bricht der Abend, der frühe, herein,
aus Häusern im Schnee blinkt der Lichter Schein.
Das ist endlich B, denkt der Reitersmann,
da staunt eine Frau groß den Fremden an:

Seltsamer Reiter, eisiger Reiter,
kommst du von weither?

Von dahinten, sagt er, und sie fragt: Vom See?
So gesehen führt kein anderer Weg von A nach B.
Da stocket sein Herz, er sinkt vom Roß herab,
und am Ufer ward ihm ein trocken Grab:

Bodenseereiter, Bodenseereiter,
da sind wir gescheiter!

Wir alle müssen von A nach B,
unser aller Weg führt übern Bodensee.
Doch um faktisch vorm trocknen Grab sicher zu sein,
brechen wir prophylaktisch ins nasse ein:

Bodenseereiter, Bodenseereiter,
kommt, es geht weiter!
Bodenseereiter, Bodenseereiter,
das Leben geht weiter!

Dino Larese
Lob des Bodensees

»Lob des Bodensees« – es sind zwei Legenden, die seine Schönheit und seine Einzigartigkeit lobpreisen. Die Legende erzählt, daß Gott, als er das erste Menschenpaar aus dem Paradies treiben ließ, eine bittere Träne weinte. Diese Gottesträne aber fiel in eine der schönsten Landschaften, die er geschaffen hatte, zwischen den grünen Thurgau und das schwäbische Land, und bildete den Bodensee.

Die andere Legende berichtet, der liebe Gott habe nach der siebentägigen Arbeit bei der Erschaffung der Welt sein Werk besehen. Er saß zu jener Zeit gerade auf dem Schienerberg am Untersee wie auf einem dunkelgrünen Schemel. Er wollte sein Werk noch weiter führen, ruhte aber zuvor noch einen Augenblick aus. Wie er aber über See und Land schaute, war er selber so gepackt und gerührt von der Schönheit zu seinen Füßen, daß er genau wußte, schöner konnte er das Land nimmer schaffen. Und so sagte er sich in der Mundart des Landes: »Itz hör' i – jetzt höre ich auf.« Die Halbinsel, auf der Gott aber saß, hat den Namen »Höri« bekommen, wohl zur Erinnerung an Gottes Ergriffenheit vor seinem eigenen Werk.

Es ist seine Größe, seine lichtvolle Weite, die sanfte Bewegung seiner Ufer, die dem Bodensee das einmalige Gesicht geben. Er liegt wirklich wie eine göttliche Tränenperle in dieser Landschaft voll herber Anmut, die mild und genügsam ist, aber im Frühling von einer berückenden Schönheit, wenn die weiße Birnblüte sich wie ein Schleier über das Grün der Landschaft legt und der Bodensee sich in einer weiten, unendlich anmutenden Bläue verliert. Die Bodenseelandschaft ist nicht eine großartige Landschaft, die uns mit ihrer Macht beherrscht; es ist ein Land, das uns in seine Ruhe aufnimmt, ein Land der Mitte, des Ausgleiches, der freigewählten Ordnung und des Maßes.

Aber es ist, wie selten eine Landschaft, ein Land von europäischer Weite; alte Kulturen gestalten das geistige Antlitz des Bodenseeraumes. Es gibt wenige Landschaften, die dieses Europäische in sich bergen. Die meerhafte Weite des Sees ist für den Fremden immer wieder das packende, große Erlebnis. Da begreifen wir das kindlich-aufschneiderische Staunen der Sieben Schwaben, als sie erstmals den Bodensee erblickten. Ihre Märe berichtet: »Als die Sieben Schwaben des Sees ansichtig wurden, sagte der Seehas: ›Das ist der Bodensee!‹ Die blieben stehen und rissen Aug und Maul auf, und lugten eines Lugens. ›Bigost!‹ sagte der Allgäuer, ›das ist eine Lache, so groß, man könnte den Grindten drin versäufen!‹ Und der Spiegel-Schwab fragte den Seehasen: ob das Wildenten seien, so man dort in der Ferne sehe? Es waren aber Schiffe. Und der Gelbfüßler: ob jenseits drüben auch Leute wohnen, wie diesseits? Und einer um den andern fragte dies und jenes, und der Seehas erzählte und sagte: es sei dies das deutsche Meer – müßten sie wissen – und es habe einen Umfang von wenigstens hundert Meilen – er lüge nicht, sagte er. – Und der See, sagte er, habe gar keinen Grund und Boden, darum heiße er eben auch der Bodensee, wie leicht zu begreifen sei. Und bei stillem, hellem Wetter, sagte er, sehe man versunkene Städte und Schlösser darin und ganze Landschaften – er sag es, sagte er. – Und Fische geb es drin, sagte er, so groß wie das Kostnitzer Münster – er lasse nichts abmarkten, sagte er. – Auch Nixen geb es die Menge, zu Land und zu Wasser – sehen müßt ihr's, sagte er. Und wenn der

See aber stürmisch sei, so werfe er Wellen, – er übertreibe nicht – so hoch wie der Säntis. Und er könnte der Wunderdinge noch viel erzählen, sagte er, aber wer's nicht selbst sehe, der glaub' es nicht. ›Potz Blitz!‹ sagte der Blitzschwab ein um das andere Mal; die andern aber sagten kein Wörtle.«

Ist es da verwunderlich, daß der Bodensee stets Künstler, Maler, Dichter an seine Ufer gezogen hat, die ihn verherrlichten und die an seinen Ufern und in seinem Hinterland schönste Werke in seinem Atem entstehen ließen? Über ein Jahrtausend alt ist der Kulturwille, der sich am Bodensee dokumentiert; liegt nicht eine Welt zwischen jener ersten bekannten Bodenseedarstellung auf dem Feldbacher Altar und den Werken eines Adolf Dietrich, und spürt man nicht in beiden Werken dieselbe naive, fromme, innige Art des Schauens, die gleiche Beseelung durch den See?

Welche Art der Darstellung der Bodensee und seine Landschaften im Werk eines Malers oder Dichters auch fand, immer ist der See die stärkere Macht; er ist der Magier und Zauberer, der Werk und Mensch beseligt und verklärt. Sind auch die Darstellungen in der Technik, in der Aussage, im Gefühl verschieden, bedingt durch zeitliche Abstände und die Temperamente der schöpferischen Menschen; der Bodensee bleibt immer die heimliche, liebende Gestalt; er bannt alle an sich, und keiner kommt mehr los von ihm, den er einmal ergriffen hat.

Er ist für die Deutschen der eigentliche Süden, ein Land der Sehnsucht, der große Traum der dunkelumbrandeten Menschen. Dies sehen wir gerade am Beispiel des Dichters Mörike; denn gerade bei ihm wird der See zum zärtlichen Freund; – es sind helle glückhafte Tage, die er ihm an seinen Ufern schenkt; und in seinem Werk sind es die heiteren und frohen Farben und Töne, die er dem See verdankt; auch ihm, dem Seßhaften, dem Bedächtigen und am Ort Verweilenden, steht der Bodensee schon in der Kindheit, wie das sehnsüchtig erwartete Land Orplid, traumhaft vor dem inneren Auge.

Es ist das Land, das Wasser, es ist der Rhythmus dieses Raumes, der in die Herzen schwingt. Friedrich Georg Jünger, der Dichter in Überlingen, sagte: »Wer am Wasser lebt, kann sich dem Wasser nicht entziehen; es übt seine Macht auf ihn, eine in allem Wechsel unveränderliche Gewalt. Mir scheint, daß die Stimme des Wassers das Ohr übt wie keine andere, denn ich kann mich ihr nicht entziehen, und fern und nahe, leise und laut, hell und dumpf, rinnt und rieselt sie in das Wachen und den Traum ein. Es ist die Wiederkehr in ihr, die das Ohr so melodisch beschäftigt, und sie fordert den Vers heraus, der dem Gesetz einer rhythmischen Wiederkehr folgt.«

Der Begriff »Bodensee« umfaßt vieles, und es ist ein Riesenbuch, in das man alle Schönheiten und Reichtümer seines gesegneten Landes schreiben müßte. Vom südländischen Traum der Mainau, dem Charme französischer Kultur um Arenenberg schwingt sein Atem hinüber zum Silberglanz der Berge, die mit in seine Sphäre hineingehören. Mittelalterliche Städtekultur, der großartige Hochzeitsrausch barocker Kultur in Klöstern und Kirchen, das »goldene Zeitalter« in St. Gallen und auf der Reichenau, die europäische Bewegtheit im Konstanzer Konzilium, die Dichtung von Notker über den Minnesang bis zum Lächeln des lieben Augustin, die Malerei von den frühgotischen Fresken bis zu den heutigen Meistern, der lebendige Atem unserer modernen Zeit prägen sein Gesicht. Der Apfel, die Traube, Milch, Spargel und Fisch sind auch ein farbiger Klang in der Bodenseemelodie.

Lob des Bodensees – ein Ergriffener steht an einem Sommerabend am dunkel werdenden Gestade; und sein Gebet möge weiterklingen zu den kommenden Generationen wie eine Verpflichtung: Herrgott, behüte, segne und bewahre uns dieses Land am See.

Marianne Ulrich
Süßwasserfische

Ferienzeit. Heißer Nachmittag. Tümpeln auf dem Bodensee. Flaute. Das Übliche. Mückenschwärme. Motorengebrumm. Vor sich hin dösen. Sonnenöl. Gewell. Geschaukel. Unerträgliche Hitze. Vom Boot ins Wasser fallen. Lauwarm. Grünliche Algen. Winzige Wasserpflanzen. Phosphatüberdüngt. Menschenwerk. – Ob sich durch die Luft- und Gewässerverschmutzung auch die Tiere verändern? – Blöder Gedanke! Feuchte Hitze vor dem Gewitter. Fische springen. Hunger. Marinierte Fische? Gebackene Fische? Fisch in Weißweinsauce? Kühlbox mit Weißwein! Salzbrezeln. Haut brennt. Krümel piksen. Schädel brummt. Zuviel Sonne. Genug Wein.

Und wieder lasse ich mich vom Boot ins laue Wasser kippen. Plansche drei faule Runden. Schwimme in gemütlichem Rückencrawl vom Boot weg. Neben mir springt ein Fisch. Hinter mir. Vor mir. Ich bin mitten im Fischschwarm drin. Er läßt sich durch meine Schwimmbewegungen nicht stören. Ob es ein Eglischwarm ist? Ich liege regungslos im Wasser, um zu beobachten. Die Fische sind etwa dreißig Zentimeter lang, schlank und gestreift. Ich werde vom silberglänzenden Schwarm eingekreist, der auch mich beobachtet. Der Ring wird dichter, verengt sich. An die tausend Fische müssen es sein, um mich herum und unter mir. Unangenehm! Ich bewege mich. Im Augenblick, da ich beginne, zum Boot zurückzuschwimmen, stoßen sie aus der Tiefe herauf. Beißen mit kleinen scharfen Zähnen winzige Stückchen aus meinem Körper. Ich blute. Ich schreie. Ich schwimme um mein Leben. Blitzartig greifen sie wieder und wieder an. Mein linker Schenkel ist schon blank bis auf den Knochen. Die fressen mich bei lebendigem Leib auf. Süßwasserhaie! Bodensee-Piranhas! Die bringen mich um! Die aaaaaaaaaaaaaaaahhhh-hhhhh ...

Maré Stahl
Kleine Fische, große Fische

Von den 35 Fischarten, die sich im Bodensee tummeln, sind jene am interessantesten, die es so nur hier gibt: der Felchen, der Wels und die Trüsche. Während der Felchen auch in seinen Abarten gewissermaßen ein aufrechter Fisch ist, von fischartiger Form und seines wunderbaren Geschmackes wegen eine kulinarische Delikatesse, ist der Wels schon ein Dunkelmann, von etwas unheimlichem Aussehen, und die Trüsche gar, ein Festessen für den Feinschmecker, erinnert stark an einen Salamander, was konservative Fischesser stört.

Der Blaufelchen ist der König der Bodenseefische, bildschön, mit blauem Rücken und silbernem Bauch. Er gehört zur Familie der Salmoniden, der lachsartigen Fische, und wohnt im Pelagial, wie man das freie Wasser der Seen nennt. Ein Sportsmann, fängt er seine Krebschen und jungen Barse mit Eleganz und weidet nicht wie der Sandfelchen stumpfsinnig auf der Halde oder läßt sich Plankton gelangweilt durch das Maul rinnen ...

Vetter Sandfelchen tendiert zum Einsiedler und kommt gern ins flache Wasser, dort friß er an der Halde gemächlich seine Muscheln, Schnecken und Würmer, die es dort reichlich gibt, und sogar Insekten. Er wird bei dieser kompakten Nahrung und bequemen Lebensweise groß und fett und bis zu 60 Zentimeter lang. Trotzdem zieht man den Blaufelchen vor, und niemand, der den Bodensee besucht, sollte es sich entgehen lassen, diesen herrlichen Fisch, blau oder nach Müllerin Art zubereitet, und dazu einen Meersburger Weißherbst zu kosten. Der Gangfisch, auch ein Salmonide, ist eigentlich eine Schweizer Spezialität. Im Seerhein, dem nur wenige Kilometer langen Stückchen Strom, das Obersee und Untersee verbindet, fühlt er sich am wohlsten, hier schwimmt und laicht er im strömenden Wasser. Die Schweizer Fischer von Gottlieben bis Ermatingen machen die besten Fänge. Sorgfältig geräuchert, zählen Gangfische zu den Tafelfreuden, die man lange in der Erinnerung behält. Dann haust da in großer Tiefe noch ein seltsamer Verwandter, der Kilch. Man nennt ihn auch Kropffelchen, weil seine Schwimmblase, durch den Überdruck bei dem Heraufziehen aus etwa hundert Metern Tiefe, aufgetrieben wird. Er ist nur mehr 25 Zentimeter lang, der unbekannte unter den Felchen. Seine Lebensweise ist noch nicht erforscht, er behält die Details seines Familienlebens für sich.

Ein Riese der Tiefe, der nur gelegentlich den Fischern ins Netz geht, ist der Wels, der »Weller«, wie man ihn am See nennt. Am häufigsten ist er im Mindel-See auf dem Bodanrück, einem abseits liegenden, moorigen Gewässer. Von dort gelangt er durch einen Bach ab und zu in den Untersee. Er kann bis zu zwei Meter lang werden und wiegt mitunter zwei Zentner. Früher war er auch im Obersee zu finden, an den Flußmündungen, aber Badebetrieb, Ruderboote, Schiffe haben ihn verscheucht. Mit seiner dunklen Färbung und den schnurrbartähnlichen Bartfäden, dem massigen, sich schlängelnden Leib, weicht er von der üblichen Fischform ab; von seiner Lebensführung weiß man nur wenig.

Dritter im Bunde der typischen Bodenseefische ist die Trüsche: grünlich-fahlgrau mit exzentrischem schwarzem Punkt und Streifenmuster bedeckt, wunderbar schmackhaft, wenn man das erste Befremden über ihr amphibienhaftes Aussehen überwunden hat. Ihre ungewöhnlich große Leber ist sehr begehrt ...

Die übrigen silbrigen Seebewohner sind nicht so exclusiv, kommune Standardfische, wie etwa der Hecht, der hier allerdings oft unwahrscheinlich lang und dick wird. Mächtige Aale geraten oft in die Reusen. Als »Kretzer« in Deutschland, als »Egli« in der Schweiz sind die wehrhaften Barse in ihren mit Stacheln bespickten Schuppenpanzern hochgeschätzt.

Dann sind da noch neben den Äschen und Renken die Saiblinge und vor allem die richtigen Seeforellen! Diese hübschen und pfeilschnellen Fische in buntfarbigen Zierroben mit rosarötlichem Fleisch: zu rühmen die lebenden wie die toten. Was an Fischen unter den silbernen, jadegrünen und ultramarinblauen Wellen des Bodensees lebt, ist interessant für die Naturkundigen wie für die Gourmets aus aller Welt.

Heinrich Hannover
Die Birnendiebe vom Bodensee

Am Bodensee wachsen viele Birnen. Und am Bodensee gibt es, wie überall, Diebe, die gern Birnen essen. Einmal schlichen des Nachts zwei Diebe durch die Gärten und wollten Birnen stehlen. Endlich fanden sie einen besonders großen Baum, der über und über voll Birnen hing. Da kletterte einer hinauf und stopfte sich die Taschen und den Rucksack voll und warf dem anderen so viele Birnen herunter, bis dessen Taschen und Rucksack auch voll waren.

Aber der Baum hing immer noch über und über voll Birnen. Und da sagte der eine Dieb zum andern: »Es ist eigentlich schade, daß wir so viele Birnen hängen lassen müssen!« »Ja«, sagte der andere, »wir sollten den ganzen Baum mitnehmen.« »Das ist eine gute Idee«, sagte der eine. Und sie beschlossen, den Baum abzusägen und mitzunehmen.

Nun mußten erst eine Säge und eine Axt beschafft werden. Und wie machen Diebe so etwas? Sie stehlen sie. Also suchten sie nach einem Geräteschuppen und fanden auch bald einen. Aber der war natürlich über Nacht zugeschlossen. Da holten sie einen Dietrich aus der Tasche – ohne den geht ja ein Dieb niemals spazieren – und schlossen damit die Tür auf. Und richtig: Da war alles Werkzeug, das sie brauchten. Der eine griff nach einer Säge, der andere nach einer Axt, und schnell wollten sie mit ihrer Beute davonlaufen. Aber der eine fiel in der Dunkelheit über den Stiel einer Harke, und von dem Holterdipolter wachte ein Hund auf, der neben dem Geräteschuppen schlief. Wauwauwauwauwau!! Da rannten die beiden Diebe so schnell sie konnten, aber sie konnten nicht schnell, weil sie doch die Säge und die Axt trugen und auch noch ihre Rucksäcke mit Birnen auf dem Rükken hatten. Und der Hund kam immer näher und näher: Wauwauwauwauwau!! »Wir müssen was wegwerfen!« rief der eine Dieb. »Aber was?« fragte der andere. »Die Rucksäkke!« sagte der erste. Und so warfen sie ihre Rucksäcke mit den Birnen weg. Und sie hatten Glück: Der Hund fraß gern Birnen und ließ die Diebe laufen.

So kamen sie wieder zu dem großen Birnbaum. Und sie machten sich an die Arbeit: der eine schlug mit der Axt eine tiefe Kerbe in den Baum, und dann sägten sie beide auf der anderen Seite des Baumes so lange, bis der Baum schließlich mit lautem Krachen umfiel. Die Leute, denen der Baum gehörte, hatten einen guten Schlaf. Aber von dem Krachen, als der Baum umfiel, wurden sie doch wach. Die Frau sagte zu ihrem Mann: »Ich glaube, es hat gedonnert.« Da stand der Mann auf und schaute aus dem Fenster in den Garten. »Ich glaube, der Blitz ist in unseren Birnbaum geschlagen«, sagte der Mann. Als er im Schlafanzug und mit Hauspantoffeln in den Garten trat, da sah er gerade noch, wie der Baum aus der großen Gartenpforte getragen wurde. Er rief: »Halt! Halt!« Aber der Baum lief immer weiter, runter an den Bodensee. Da dachte der Mann: »Ach, das habe ich wohl bloß geträumt«, und legte sich wieder schlafen.

Die beiden Diebe aber fanden, daß der Baum doch ein bißchen zu schwer sei, als daß sie ihn ganz nach Hause hätten tragen mögen. »Wir brauchen ein Boot«, sagte der eine. »Das ist eine gute Idee«, sagte der andere. Und was machen Diebe, wenn sie ein Boot brauchen? Sie stehlen sich eins. Bald hatten sie auch ein Boot gefunden. Es lag genau am Landungssteg im Wasser, man brauchte nur hineinzuspringen. Da schleppten sie den Baum auf den Landungssteg, warfen den Baum auf das Boot und sprangen selbst hinterher. Aber der Baum war viel zu groß und zu schwer für das kleine Boot. Und so ging das Boot mit dem Baum und den beiden Dieben unter. »Hilfe! Hilfe!« riefen die beiden Diebe, denn sie konnten nicht schwimmen. Zum Glück hörte das der Hund, der sie aus dem Geräteschuppen gejagt hatte. Der war jetzt ganz friedlich, weil er so viele Birnen gefressen hatte, und er erkannte die beiden Diebe auch nicht wieder, weil sie jetzt so gut nach Bodensee rochen. Der also sprang ins Wasser und zog die beiden Diebe ans Land, sonst wären sie jämmerlich ertrunken.

Der Baum aber, denkt euch, war so glücklich ins Wasser gefallen, daß seine Krone aus dem Wasser herausragte. Da sind am nächsten Tag die Kinder hingeschwommen und haben die Birnen gepflückt. (Die Leute, denen der Baum gehörte, haben sich natürlich über die ganze Sache sehr geärgert. Aber sie waren so reich, daß sie sich auch Birnen im Laden kaufen konnten. Die beiden Diebe aber zogen in eine Gegend, wo es nicht so viel Wasser gibt.)

Golo Mann
Mit wehmütigem Vergnügen

Welches Ufer ist reizvoller, das deutsche oder das österreichisch-schweizerische? Viel Sinn hat die Frage nicht, aber sei es drum. Das deutsche hat den Vorzug, daß man von dort aus den Blick auf das Gebirge hat, auf der Südseite nicht. Auch bietet es zwischen Überlingen, über Birnau, Meersburg, Hagnau, Kirchberg, Langenargen, Wasserburg wohl reizvollere Siedlungen als die Südseite. Für den Untersee würde ich der Schweiz die Krone geben, wenn ich wählen müßte. Aber wie gesagt, viel Sinn hat die Frage nicht. Denn wie reich er auch gegliedert ist, wie viele Geheimnisse er birgt, es gibt nur einen Bodensee, und zu ihm gehören alle die Landschaften, die sich ihm zuneigen. Was für ein schönes, beinahe alles Begehrenswerte bietendes kleines Königreich wäre das geworden! Es kam aber gerade umgekehrt. Die in der Napoleonzeit neu geformten Staaten drängten alle nach dem See; was Bayern mit Lindau gerade knapp gelang, Österreich mit dem Umland von Bregenz schon etwas besser, noch besser dem dicken Württemberger, der Friedrichshafen begründete und nach sich benannte, am besten dem Badner mit Meersburg und Birnau und Überlingen und Konstanz. Nur die Eidgenossen waren schon vorher dagewesen. Einmal, zu meiner Zeit, verschwanden alle politischen Grenzen, die Zollkontrolleure gaben auf, die Hochbeamteten besuchten einander mit Gastgeschenken, indem sie über den See wanderten, und jener Heilige, ich kann mich seines Namens nicht entsinnen, wurde in frommer Prozession von Hagnau hinüber nach Altnau getragen. Das nächste Mal kommt er dann nach Hag-

nau zurück. Es war ein monatelanges Volksfest, dieses Jahr-
hundert-Ereignis, verbrüdernd und die Menschheit von ihrer nettesten Seite zeigend ...

So also war es. Von meiner Salemer Kindheit bis an mein
siebzigstes Jahr hat der Bodensee in meinem Leben eine Rolle
gespielt. Die Radtouren zwischen Donaudurchbruch, Kloster
Beuron in Oberschwaben und Stein am Rhein; die Wanderungen zwischen Heiligenberg, Wienacht und Klingenzell,
das sind gute Erinnerungen. Und die Arbeit. In Altnau schrieb
ich mein Buch »Vom Geist Amerikas«, einen guten Teil meiner »Deutschen Geschichte« und meines »Wallenstein«.

Leopold Ziegler
Der Bodensee – Übereinstimmung von Natur und Kultur

Was unseren Bodensee von allen Alpenseen unterscheidet, den ebenbürtigen Bruder im Südwesten der Schweiz nicht ausgenommen, ist seine Ferne und Weite. An keiner Stelle seiner so vielfach geformten Ränder und Randerhebungen, nicht einmal in der Bregenzer Bucht, gibt er sich dazu her, ein bloßes Spiegelbild für himmelstrebendes Gefels zu sein, sozusagen ein purer Vorwand der Natur, den reich bewegten Umriß ihrer Berge mit ihrem bald jähen Sturz, bald sanften Schwung zum Tale in ein besonderes wirksames Licht zu setzen. Nein, soweit sich dieser See ausdehnt und erstreckt, bleibt auch er selbst fürs Auge die selbstherrliche Gegebenheit, indem er es schon allein unaufhörlich durch sein ewig wechselndes Licht- und Farbenspiel zwischen Morgen und Abend beschäftigt. Denn dies ist ja die wahre Unerschöpflichkeit des Schwäbischen Meeres, daß es in jeder Tagesstunde und Jahreszeit, bei jeder Bewölkung, Benebelung und Besonnung ein anderes ist und eine allgemeine Aussage, welches seine eigentliche Farbe sei, von vornherein nicht zuläßt. Wenn die übrigen Alpenseen entweder blau oder grün sind, nußfarben oder fahl, so sieht der Bodense je nach Windrichtung und Windstärke, je nach Sonnenstand und Luftfeuchtigkeit bald flaschengrün gefärbt aus, moosgrün, achatgrün, bald brütet er unbewegt und wie mit einer dünnen Ölschicht übergossen in einem stumpfen Eisengrau, das sich gelegentlich bis zur tollen Bleifarbe verdüstert; bald leuchtet er, ein zarter Widerschein des Himmels, in einem sanften Blau, welches bei östlicher Luftbewegung bis zu einem fast harten Ultramarin, ja Kobaltblau übergehen kann, um dann, dies namentlich in sommerlichen Abendstunden, in allen bunten Tinten des Opals verhalten aufzuglühen oder gar wie ein faltenlos ausgespanntes Stück Seide im lichten Blaugrün des Türkis zu schimmern. Allzu arm ist die Sprache an Bezeichnungen für die zahllos gestuften Abschattungen innerhalb des Farbenkreises, die der See schon bei der leisesten Kräuselung seiner Oberfläche erleidet. Aber gerade in ihrer Unsäglichkeit bezaubern sie das Auge unwiderstehlich und versetzen uns leicht in jenen glückhaften Rausch der Sinne, den uns sonst eigentlich nur der Süden spendet. Wie dem übrigens sei – die Farben, ebendiese Farben, entführen also den Betrachter immer wieder in die sehnsüchtige Weite, in der ich das Merkmal unseres Bodensees zu gewahren glaube. Wie gern wir auch mit unserem Auge beim Nächsten verweilen möchten, immer wieder entgleitet es uns und schweift nach den gegenüberliegenden Ufern, wenn diese sichtbar sind, ober nach den meerhaft entfernten Horizonten, wenn die jenseitigen Ufer unsichtbar bleiben. Vielleicht ist diese so überredsame Ferne und Weite dann aber auch der letzte Grund, warum sich der Bodensee nicht eigentlich malen läßt. Die Ausdehnung seiner Plane scheint sich zur Not noch in Linien und Flächen, nicht aber in wirkliche Farben übertragen zu lassen, und das Pathos seiner Geräumigkeit scheint sich in dem Maße, als sie das Gemüt beschwingt, dem Bilde und seinen Ausdrucksmitteln zu versagen ...

Das Pariserische und ein Schiffsuntergang
Konstanz und die Inseln Reichenau und Mainau

Hans Scherer
Konstanz ist eine Sommerstadt

Nirgendwo zeigt sich der Bodensee in solch feiertäglicher Pracht wie an einem Sommernachmittag vor der Hotelterrasse in Konstanz. Konstanz ist überhaupt eine Sommerstadt, die zum Flanieren einlädt. Fast allzu herausgeputzt will sie den Besucher überzeugen, daß sie mehr ist als eine touristische Sehenswürdigkeit. Gerade im Hafen aber, wo die Schiffe aus allen Himmelsrichtungen des Bodensees anlegen, ist Konstanz nicht nur ein Zentrum des Tourismus, sondern die Metropole des Bodenseelandes. Die Stimmung hat etwas merkwürdig Pariserisches; vielleicht liegt es an den Platanen im Park. Daneben steht übrigens ein unfreiwillig komisches Denkmal, »dem berühmten Sohn der Stadt Konstanz zum Gedächtnis«. Es handelt sich um eine Säule, die als Krönung eine nicht ganz lebensgroße Figur trägt: Ein nackter Jüngling mit den Gesichtszügen des alten Grafen von Zeppelin sowie mit einem gespreizten und einem gefalteten Flügel.

In Konstanz beginnt die Schweiz auf der anderen Seite der Straße. Eigenartigerweise ist die Schweizer Seite von bedrückender Ödnis. Die allfälligen Zigarettenläden, die ihre gar nicht billigen Tabakwaren anbieten, machen die Straße auch nicht sympathischer. Den umgekehrten Fall kann man in Basel erleben, wo auf der Schweizer Seite Urbanität und buntes Leben herrscht, während auf dem deutschen Teil trübe Langeweile lastet. Bei aller Friedlichkeit des Grenzübergangs, neben den Schlagbäumen sieht man doch Drahtzäune und Mauern. Geteilte Städte sind immer traurig. Ich bin lieber zum See zurückgegangen. Dunkelheit legte sich über das Land. Die Lichter der Seepromenade spiegelten sich kostbar und tausendfach im schillernden Wasser. Es war wunderbar ruhig. Und jeder ergab sich dieser Ruhe, die vom Wasser ausging. Schön ist der Flug der Schwäne am Abend. Ich fuhr mit dem Kahn in die samtblaue Dämmerung.

Bruno Epple
Der Schatten des Hus

Ein feinfühliger Dichter, und das muß er wohl sein, feinfühlig, sonst wäre er keiner, ein Dichter also, der etwas auf sich
hält, wird, wenn er in Konstanz Kretzerfilets ißt, die ihm in
kupferner Pfanne serviert worden sind, an Hus denken, an
seine Kerkerhaft und an seinen Tod in den Flammen, und der-
weil die anderen Gäste am Tisch über Nichtigkeiten plau-
dern, leichten, ach so leichtfertigen Herzens, wird er den
Schatten des Böhmen allum wahrnehmen, wird, entsetzten
Auges, ihn fühlen, wie er aus der Geschichte heraufsteigt
und ihm auf Schritt und Tritt durch die Gassen der Stadt
folgt, die heute so tut, als lebe sie nur für heute, und geschäf-
tig alles Vergangene vergißt

Für den Dichter ist nichts vergangen, er ist sich der Grau-
samkeiten früherer Zeiten bewußt, am eindringlichsten, wenn
Freunde ihn zu Kretzerfilets eingeladen haben. Da erinnert
er sich seiner, kaum hat er das Silberbesteck zur Hand genommen, und er schaut vorwurfsvoll vom Tisch auf, und,
während die Freunde sich über die Filets hermachen: Hus,
denkt er, Hus, murmelt er mehr, als daß er es sagt, und blickt
auf die Filets wie auf eine Zumutung, wobei ihm seine Freunde unerträglich vorkommen in ihrer unerträglichen Arglo-
sigkeit.

Allgegenwärtig ist ihm Hus, und ich, der ich jahrelang,
jugendlang durch die Gassen von Konstanz gelaufen bin,
an allen Winkeln vorbei, in Höfe hinein und unter Torbogen
hinaus, ich habe nie etwas geahnt, geschweige denn gemerkt,
und selbst als ich von dem Reformatoren, den sie im Para-

dies verbrannt hatten, Kenntnis bekommen hatte, merkte ich noch immer nichts, so fern war mir alles, so fremd. Als ich in späteren Jahren mir auch Kretzerfilets leisten konnte, war ich so unempfindlich, nur an die Kretzer zu denken, aber nicht zugleich an Hus, und die kupferne Pfanne fand ich nobel, die Bedienung von aufgeräumter Artigkeit, und ich ließ mir die Filets schmecken, leichten, ach so leichtfertigen Herzens, und hatte kein schlechtes Gewissen.

Seit der Dichter aber, der feinfühlige, den Hus beschworen hatte, mache ich mir Gedanken wegen meiner Gedankenlosigkeit; ich schaue, während der Duft der Filets mir in die Nase steigt, über die Tische und die anderen Leute hinweg und frage mich, warum alle so lustvoll gegenwärtig sind, wo doch alle Augenblicke der Schatten des Hus aus der Geschichte aufsteigen kann. Ich sehe ihn zwar nicht, aber es könnte doch sein. Und während ich zulange, fällt mich ein Schatten an, nicht der von Hus, sondern der des Dichters, der mir zum Vorwurf wird, daß ich so gar nicht feinfühlig bin, sondern unerträglich gewissenlos, nur die Kretzerfilets im Sinn habend, die ich mir schmecken lasse.

Rainer Maria Rilke
Vision

Ich geh durch die greise, nächtige Stadt,
will wissen, was Konstanz für Träume hat.

Ob sich der alte Zauber schon brach?
Lichter erstehen und sterben im Hafen,
Giebelhäuser sinnen verschlafen
wilden, weiten Zeiten nach.
Etwas weht in dem Dämmer des Orts,
etwas wohnt in den dumpfen Gassen
noch von dem alten Pfaffenhassen
eines erlösenden Flammenworts.
Dunkel stiert ein gieriger Sinn
aus der ewigen Kälte der Säle,
und wie Gewänder der Kardinäle
schleppt der Wind an den Häusern hin.
Heimlich wie leise Knappen der Herrn
schwinden Schatten im Dämmerflocken ...
Und dann kommt es wie Osterglocken
über den Hafen von fern, von fern.

Und ich schaue zurück nach der Stadt,
will wissen, was Konstanz für Träume hat.

Und über dem schwarzen Zinnentor
wächst es reckenriesig empor,
wächst in das nächtige Glockengebraus,
wächst in die dröhnende Nacht hinaus.
Seltsam. – Ist das der Münsterturm? –

Schultern sind das, erstarkt im Sturm,
ehern, darauf geschraubt,
ruht,
sternumlaubt,
herrlich ein Heldenhaupt
mit dem Ketzerhut. –
Huß. Wie in der Worteschlacht,
hoch, wie einst beim Konzil.
Da weint die Nacht.
Und er nickt nur sacht
und lacht
über Kaiser- und Pfaffenspiel. –

So sah ich den Helden in nächtiger Stadt:
Er will wissen, was Konstanz für Träume hat. –

Wilhelm Hausenstein
Konstanz

Der See ist da, ein Arm; er regt sich unter der Dämmerung, schon mehr erlauschbar, wenn der Zug eine Weile stillsteht, als sichtbar. In Konstanz ist es Nacht. Vom schönen Hotel die fast nur geahnte Grenzenlosigkeit des Bodensees, angedeutet in schaukelnden Reflexen von Glühbirnen und in allen jenen kaum zu benennenden Besonderheiten der Atmosphäre, in allen Eigentümlichkeiten der ungenau gemerkten menschlichen Einrichtung, die das Ufer eines großen Sees auch dann spürbar machen, wenn man vom Wasser fast nichts mehr begreift als ein paar Lichtflecken an der rollenden oder zitternden Oberfläche und ein leise glucksendes Anschlagen flach auslaufender Wellen an den Bauch eines ruhenden Bootes.

Ich will auf dieser Reise nichts Neues lernen. Ich will das Alte noch einmal haben. Konstanz ist schön; aber es hat in meiner Jugend keine Rolle gespielt, und gerade darum sind auch heute nur wenige Stunden vorbehalten. Und wenn ich heute je etwas Neues will, so ist es weniger Konstanz selbst als die nahe Reichenau.

Konstanz hat die Reinheit einer Seestadt, und diese Reinheit ist eine wahrhaft aufbauende, verfassunggebende Eigenschaft. Das Münster spricht mich weniger an als das Ganze der Stadt (auch abgesehen davon, daß man die Gewohnheit hat, vom Fremden für den Eintritt ins Münster Tribut zu erheben – eine Gewohnheit, die verstimmt, selbst wenn sie ihre besten kirchenpflegerischen Gründe hat). Das Ganze der Stadt scheint mir in vielfacher Schönheit des baulichen

Wesens, der baulichen Physiognomie und Atmosphäre versichert. Sie ist vor allem eine gotische Schönheit – weit hinein erstreckt vom Münster und der ehemaligen Klösterlichkeit des Inselhotels in die profanen Bereiche der Stadt. Das Gotische ist in Konstanz so fühlbar wie in wenigen Städten – und zwar das Gotische mit jenem besonderen Ton aus dem fünfzehnten Jahrhundert, der den Moment des großen Konzils, den Augenblick des Johannes Hus andeutet. Nahe einem Torturm der Altstadt findet sich an einem alten unscheinbaren Hause das Bildnismedaillon mit der erklärenden Inschrift. Das Gesicht des böhmischen Reformators ist von dem Luthers gründlich verschieden, auch von dem des Savonarola: es ist ohne Trotz, ohne Stauungen, ein feines, fast zartes Gesicht, nobel, ohne Demokratismus und ohne demagogische Genialität, empfindsam, von einer reinen Schönheit des Formalen wie des Ausdrucks . . . Dies Gotische ist das Eine. Das Andre ist die Schönheit und Fülle des Barock auch in Konstanz. Das Dritte: die beginnende Südlichkeit der Baukunst überhaupt: die Breite der Häuser, der waagerechte Schluß oben an der Dachlinie, der Verzicht auf Fachwerk, auf den Frontgiebel, die Freude an der Hohlkehle, mit der man die Höhe der Wand zur Horizontale des Daches hin von innen nach außen verwölbt. Zu diesen Eigentümlichkeiten des Bauwesens kommt ein Klima, das sich am Südlichen mißt: Agaven in der Freiheit städtischer Anlagen am Hafen machen mir einen gewaltigen Eindruck, obwohl ich fühle, daß diese Agaven nur Versuche mit dem Süden sind . . .

Es ist angenehm, in Konstanz spazieren zu gehen und die Straßen zu betrachten, die Plätze, in denen die bauliche Schönheit sich an alles austeilt – nicht gefaßt ins Monopol einiger weniger besonderer Sehenswürdigkeiten. Es ist schön, Häuser zu sehen, die mit der südlichen Breite und Schwere verputzter Wände dastehn, die sich vom fränkischen Fachwerk und Giebelwesen entfernt halten als eine Ouvertüre des Südens, wie ich sie von den Städten Südbayerns zwischen Lindau und Wasserburg am Inn gewohnt bin; obwohl ja wahr ist, daß auch die hochgiebligen Fachwerkhäuser im fränkischen Mosbach schön gewesen sind ... Aber am köstlichsten scheint mir Konstanz vom Wasser her, für den Fahrenden im Schiff; es wächst fürs Auge und Gefühl, gewinnt vermehrte Bedeutung, nimmt zu an Vordergrund und Hintergrund; gar nicht davon zu reden, daß die kleine schwefelgelbe Münsterpyramide auf dem breiten Turmsockel jetzt erst eine gute Silhouette macht.

Emanuel von Bodman
Die Reichenau

Versunken steht die lange Reih
der Pappeln,
als ob das Leben ewig sei
auf ihrem Damm, sie schaun sich um
zum stillen See
zum stillen See, die Pappeln.

Ans Ufer schwellen und zurück
die Wellen.
Zum Fließen glänzt und stirbt ihr Glück
und immer ist die helle Flut
auch wenn sie gehn
und dürsten, voller Wellen.

Verschwiegen klingt im Inselrund
die Glocke,
als grüßte sie mit goldnem Mund
so läutet sie zu Tag und Nacht
im stillen See
im stillen See der Menschen.

Johannes Bobrowski
Die Mainau

Insel, für ihn geschmückt:
für den Nachtschrei
droben im Schattengetürm,
für den brünstigen Singer.
Weißer Pfau, komm herab,
ehe der Regen tönt,
unter den tiefen Bäumen
rühr dein Gefieder.

Insel im Wind, deine Düfte
weich, Melisse und Arnika,
bäurisch: Sanftheit der Mädchen
im wehenden welschen
Schultertuch. Und was bin ich
hier mit dem dunklen Gesicht?

In der Ebene, hinter den Strömen
ein Hof. Dort war ich der Brunnen,
grün. Die Birken. Himmel,
wenn die Sommer fuhren
vor den Gewittern,
wenn der Fisch sprang, die Wasser
klirrten drunten,
der Morgen kam.

Hier das Gestein, überblüht,
eingesponnen die Höhle,

das knisternde Lager
fault. Hier streckte das bleiche
Alttier sich, die Wölfin,
hängenden Blicks,
leckte die Welpen aus ihrer
Blindheit, schickte sie aus.

Rasselnd fielen sie ein,
weiße Mäntel,
ein in die Ebenen, warfen
Feuer herein in die Weiler.
Ihre Spuren füllte
Blut. Das stieg mit den Nebeln
auf. Hing schwer im zerschrie'nen
Lufthauch. Über den Flüssen
ragten die Burgen kahl,
Richtblock, Galgen, der Wölfe Zeit.

Väter, für euren Zorn
tret ich den Boden, die fügsamen
Ufer, die Gräser der Mainau.
Unter der Deutschherrn Wappen
geh ich ein in die Tür.

Alles ist alt geworden,
dunkel, im Schattengetürm
droben der Regen tönt.
Aufgeschmückt ist die Insel
für den Nachtschrei des weißen
brünstigen Singers. Herab
komm, unter tiefen Bäumen
rühr dein Gefieder.

Ulrike Längle
Der Untergang der »Romanshorn«

Wann ist zum letzten Mal ein Schiff auf dem Bodensee untergegangen? Ein richtiges Schiff, kein Segelboot? Sicher seit Menschengedenken nicht mehr. Höchste Zeit also, daß wieder einmal etwas geschieht.

Seit Flora sich erinnern konnte, war sie leidenschaftlich gerne mit der Fähre gefahren. Zum ersten Mal fand dieses Ereignis statt, als sie mit sechs Jahren der Insel Mainau einen Besuch abstattete. Dort war sie jedoch weniger von den Blumenmeeren oder den Bananenbäumen, sondern viel mehr von den siamesischen Hängebauchschweinen im Zoo fasziniert. Die siamesischen Hängebauchschweine stellten selbst das Ereignis, zum ersten Mal auf einer Fähre gefahren zu sein, in den Schatten.

So kam es, daß Floras erste bewußte Erinnerung an eine Fahrt mit der Fähre viel später angesiedelt war. Wieder war es die Strecke von Meersburg auf die Insel Mainau, wieder war es ein milder Spätsommertag. Sie saß mit einer Freundin auf dem Hinterdeck, sah das alte und das rosarote neue Schloß langsam am Ufer verschwinden und wurde aus dem Lautsprecher mit Ziehharmonikamusik berieselt. Diesmal waren die Dahlien eindrucksvoller als die Hängebauchschweine, doch bei der Wahl der Dahlienkönigin tippte sie anscheinend nicht richtig, denn sie gewann keinen Preis. In Meersburg fand gerade das Weinfest statt, und Flora tanzte einen Abend lang mit einer Busladung flotter Tänzer aus Nordrhein-Westfalen, die aus irgendeinem Grund in Meersburg hängengeblieben waren.

Ihre letzte Fahrt auf dieser Fähre hatte im vergangenen Herbst stattgefunden, als sie einem Besuch aus Graz die Schönheiten des Bodensees, darunter natürlich die Insel Mainau, gezeigt hatte. Damals war es Flora auch bewußt geworden, daß das Schiff von Meersburg nach Mainau gar keine Fähre war, sondern eigentlich ein gewöhnliches Schiff. In ihrer Kindheit hatte sie für diese feinen Unterschiede noch keinen Sinn gehabt. Sie hatten vor der Abfahrt der Rückfähre von Mainau nach Meersburg einige Zeit warten müssen, und der Besuch aus Graz, der sich gerne esoterischen Vorstellungen hingab, hatte einen der dicken Bäume am Landungssteg umarmt, um so Kraft zu tanken. Auf der Fahrt war Flora dann allein im Schiffsrestaurant gesessen und hatte einen Kaffee getrunken, weil ihr Besuch unbedingt eine Zigarette rauchen mußte und deshalb aufs Verdeck ging. Flora war es im Freien zu kalt und zu windig. Sie las inzwischen eine alte Nummer der »Bodenseehefte« und langweilte sich.

Im Grunde viel interessanter waren die Fahrten auf der richtigen Fähre, der Autofähre von Meersburg nach Konstanz. Wenn viel Betrieb war, wehte ein Hauch der großen weiten Welt über das Schiff. Alles war viel größer als auf der Strecke Meersburg–Mainau, und dann waren da natürlich die Autos und Lastwagen. Wenn Flora ihr Billett bezahlt hatte, spazierte sie über die verschiedenen Decks, setzte sich in den Windschatten, nur bei Kälte ins Schiffsrestaurant. Selten, viel zu selten, war hoher Wellengang, meist fuhr die Fähre ruhig ihre Strecke vor sich hin. Einmal war es ihr durch Zufall geglückt, nichts bezahlen zu müssen: Sie hatte ihr Auto verlassen, war auf eins der Decks gegangen, hatte dann absichtslos, jedenfalls nicht mit der Absicht, dem Schaffner zu entkommen, die Toilette aufgesucht, hatte sich wieder auf einem der Decks den Wind um die Nase wehen lassen – und schon waren sie in Konstanz angekommen. Aber abgesehen von diesem kleinen pekuniären Gewinn waren die Dinge immer ihren ordentlichen Gang gegangen. Keine Liebespärchen in PKWs oder zu zweit auf der Toilette eingesperrt, keine Ritte über den Bodensee, nicht einmal Affären auf Fähren ...

Am 2. Februar 1993 jedoch spitzten sich die Verhältnisse dramatisch zu. Flora war von einem Besuch in Zürich mit der Eisenbahn über Frauenfeld nach Romanshorn gefahren. Am Bahnhof wurde gerade der Weg über das Gleis mit einer raffiniert angebrachten Kette abgesperrt, die vermittels eines Gewichtes in einer eigens dafür angebrachten Vertiefung im Boden verschwand, wenn der Bahnbeamte die Halterung am einen Ende löste. Flora reihte sich in die Reihe der Reisenden ein, die die Fähre besteigen wollten, die »Romanshorn«, ein Gefährt der Schweizer Bundesbahnen. Schon beim Entladen der Fracht aus Friedrichshafen fiel Flora ein Lastwagen auf, der mindestens eineinhalb Meter über das Hinterdeck hinausragte. Die Sonne war im Begriff unterzugehen, der Horizont hinter Romanshorn begann sich orange zu verfärben. Vorbei an mindestens acht Lastwagen aus Holland, Italien und Deutschland, die alle schwer beladen schienen und die Fähre verließen, bestieg Flora mit den wenigen Passagieren das Schiff. Eine neue Ladung Lastwagen folgte.

Im Passagierraum setzte sie sich an den Tisch in der rechten, hinteren Ecke, wo sie immer zu sitzen pflegte. Neben ihr nahm meist ein stummer Fahrgast Platz, mit Pullover und Brille, der stets in die Lektüre einer Zeitung vertieft war und der möglicherweise einem intellektuellen Milieu angehörte, da er nicht nur die *Schwäbische Zeitung,* sondern auch die *Süddeutsche* und die *Frankfurter Allgemeine* durchzugehen pflegte und dazu rauchte, obwohl es verboten war. Aber niemand schien sich daran zu stoßen, wahrscheinlich kannte man ihn, und er hatte Narrenfreiheit.

An einem der Nebentische hatte heute eine ungewöhnlich fröhliche Runde Platz genommen: eine Frau im Tigerpullover, mit langer, blonder Mähne, hatte eine Riesenflasche Sekt mitgebracht und verteilte Nußkipfel an ihre Begleiter und an die Passagiere auf den anderen Plätzen. Anscheinend gab es etwas zu feiern, aber Flora wurde nicht schlau aus dieser Runde. Sie hatten alle Plastikbecher mitgebracht und stießen mit dem Sekt auf ein fröhliches Ereignis an, das Flora wohl ewig ein Geheimnis bleiben würde.

Weiter hinten hatte sich eine Gruppe von Kulturmultiplikatoren aus Österreich versammelt, die Flora im Vorübergehen kurz belauscht hatte, ein schwarzbärtiger Museumsdirektor, ein Schuldirektor mit stechendem Blick und zwei indolente Kulturbeamte.

Dann machte der Schaffner die Runde mit seinen umgehängten Fahrkartenausgabe- und Kassenautomaten und begann abzukassieren. Flora erhielt einen rosa Fahrschein, der stumme Passagier hatte eine Dauerkarte, einem einzelfahrenden Herrn am Nebentisch wurde eine helltürkisfarbene Fahrkarte ausgehängt, mit dem Aufdruck: »CIV Bodensee und Rhein. Reise- und Autofähre, 50% (er hatte ein Schweizer sogenanntes Halbtaxabo), Friedrichshafen–Romanshorn oder umgekehrt, DM 3,40. Gültig 1 Tag.«

Flora rätselte, ob sich die Geschlechtertrennung wohl in den Farben der Fahrkarten ausdrückte, bis sie bemerkte, daß sie in Schweizer Franken bezahlt hatte und der Herr mit der türkisfarbenen Karte in DM. Sie studierte die Kehrseite der *Süddeutschen*, die der stumme Fahrgast neben ihr gerade in Arbeit hatte. »Streit um Staatshengste«, konnte sie entziffern, »Europäische Lösung heute aktueller denn je zuvor« unter einer Reklame für Siemens/Nixdorf, »Quecksilber über den Ladentisch« und »Leberzellen als Testinstrument«. An den anderen Tischen wurde meist *Blick* gelesen, mit einer fetten Schlagzeile über den Zürcher Baby-Quäler.

Floras müßiger Geist wandte sich nun der Speisekarte der Schiffsrestauration zu, die etwa »Alpsteinhüetli« um zwölf Franken anbot oder »Wienerli mit Kartoffelsalat«. Doch auch dieser Anblick bot ihrem hungrigen Geist keine zufriedenstellende Nahrung, und so begab sie sich ins Freie, am Schaffner vorbei, der gerade die Häupter seiner Lieben gezählt hatte und bemerkte, daß zwei Fahrgäste keine Billette gelöst hatten. Er ging von Tisch zu Tisch und war geradezu enttäuscht, als sich am Tisch der Tigerdame mit der Sektflasche zwei Männer meldeten, die ohnehin Dauerkarten hatten.

Draußen schien der Mond durch die Wolken. Der orangefarbene Schimmer hinter Romanshorn war längst erloschen, nur schwache Lichter dämmerten durch das Schwarz der Nacht. Vom gegenüberliegenden Ufer war noch nichts zu sehen. Flora schätzte, daß sie sich gerade über der tiefsten Stelle des Bodensees befanden. Beim Entlangschlendern über das Deck bemerkte sie, was sie früher nie gesehen hatte: die in der Höhe angebrachten Luken mit den Schwimmwesten, die mit einer Klappe mit je drei Flügelschrauben verschlossen waren. Wie lange das wohl dauern würde, die Klappen zu öffnen ... Als Flora vom Hinterdeck auf die vollbeladenen Laster hinunterblickte und dem beruhigenden Tuckern der Dieselmotoren lauschte, wurde sie plötzlich von einem heftigen Windstoß erfaßt und gegen die Schiffswand geschleudert.

Sie klammerte sich an ein Faß, das zufällig dort stand. Die Szenerie hatte sich schlagartig verändert: Der Mond schien voll vom Himmel herunter, Schäfchenwolken schimmerten mit orange-silbernen Rändern, und in der Ferne, dort wo die Stadt Konstanz liegen mußte, schien ein Regenguß niederzugehen, denn ein Mondregenbogen wölbte sich über den schwarzen Wassern. Von Osten jedoch näherte sich eine Windhose, die zu Floras Erstaunen und gleichzeitigem Entsetzen bunt gefärbt war. Zugleich konnte man deutlich sehen, wie sich von der dunklen Oberfläche des Sees eine Wasserhose der Windhose entgegenstreckte. Es konnte sich nur noch um Minuten handeln, bis die kombinierte Wind- und Wasserhose die Unglücksfähre erreicht haben würde.

Flora klammerte sich voll Entsetzen an ihr Faß und blickte in den Passagierraum, doch dort schien man noch nichts bemerkt zu haben. Die Gläser über der Theke steckten in Halterungen, die auch bei großen Schwankungen des Schiffs ein Verrutschen verhinderten, lediglich auf den Tischen war einiges Durcheinander entstanden. Die Blonde im Tigerlook sah verblüfft der Riesensektflasche nach, die über den Boden rollte, die Kulturbeamten mußten bemerken, wie ihre Biere sich über ihre untadeligen Anzüge ergossen. Nur der stumme Passagier saß noch immer stumm in seiner Ecke und las Zeitung, scheinbar unberührt von den Ereignissen in seiner Umgebung.

Doch nun begann die Gischt zu kochen. Das Schiff schwankte von einer Seite auf die andere, ein brüllendes Brausen erfüllte die Luft. Plötzlich wurde die Fahrt wieder ruhig, doch vor Floras Augen öffnete sich ein ungeheurer schwarzer Trichter, der bis zum Grund des Sees zu gehen schien. Die Wände schimmerten wie schwarzes Ebenholz und waren spiegelglatt, doch die Fähre sauste in rasender Geschwindigkeit dem Zentrum des Mahlstroms zu. Flora erinnerte sich an die Lektüre einer Erzählung von Edgar Allen Poe und ließ sich mit dem Faß vom Deck rollen.

Beim Durchqueren der Wände der Wind- und Wasserhose waren die Laster von Bord gespült worden und bewegten sich nun auf der blanken Oberfläche des Trichters nach
unten. Im tiefsten Grund des Abgrunds schien sich ein Mas-
siv von scharfzähnigen Klippen zu befinden, denn von Zeit
zu Zeit tauchten Gegenstände aus dem Abgrund auf, die
vollkommen zerfasert und zersplittert waren: Bauholz aus
einem finnischen Laster, das aussah wie Zündhölzer mit Bor-
sten, Bananen, die schon als Püree aus den Schalen kamen,
die wie gelbe Fäden auf dem schwarzen Wasser wehten, Stoff-
ballen, die sich in bunte Fetzen aufgelöst hatten.

Der unheimlich dunkel schimmernde Kegel war von einem dumpfen Brausen erfüllt und drehte sich in majestäti-
scher Ruhe seiner Vernichtung entgegen. Floras Faß schien
eine aqua- und aerodynamisch günstige Form zu haben, denn
sie bewegte sich relativ langsam nach unten. Plötzlich schoß
die »Romanshorn« an ihr vorbei, Flora erblickte die schrek-
kensbleichen Gesichter der Passagiere, die sich an die Scheiben preßten, mit Augen und Mündern wie auf einem Bild
von Munch. Irgend etwas ging von Bord, dann verschwand
die Fähre in der Tiefe. Die Schweizer Flagge am Heck war das
letzte, was Flora sah.

Auf der glatten Oberfläche des Kegels bewegte sich etwas
auf ihr Faß zu, was sie mit einer freien Hand erwischte: Es
war der stumme Passagier, der den Sprung gewagt hatte
und der sich nun gemeinsam mit ihr an das Faß klammerte.
Kurze Zeit später tauchte ein schwarzbärtiger Kopf aus der
Tiefe auf, gefolgt von einer wie ein Skalp abgeschnittenen
blonden Mähne und der Brille des Schuldirektors mit den
stechenden Blicken, die nun wohl niemand mehr stechen würden, und einem Nußkipfel, der seltsamerweise unversehrt
geblieben war.

Der Bodensee beherbergte weder Piranhas noch Haie, doch die Klippen hatten ganze Arbeit geleistet. Gleichzeitig wurde das Brausen schwächer, die Geschwindigkeit langsamer, und bevor Flora und den stummen Passagier die letzten Kräfte verließen, fanden sie sich an der Oberfläche des Sees wieder, inmitten eines Kreises von schäumender Gischt, die sich zunehmend beruhigte und von einem sanften Schaukeln abgelöst wurde, das die Trümmer der Fähre und die Überreste ihrer Passagiere, soweit sie schwimmen konnten, in den Todesschlaf wiegte. Der Mond schien nach wie vor ruhig durch die silbrig-orange geränderten Wolken, doch die Ufer lagen nicht mehr in undurchdringlichem Schwarz, sondern waren von zahlreichen Scheinwerfern erhellt, die den See absuchten und bald darauf Flora und ihr Faß samt dem stummen Passagier mit ihrem Lichtkegel ergriffen.

Plötzlich erfüllte eine Fanfare die Luft, ein Rettungsboot näherte sich und fischte die beiden einzigen Überlebenden aus dem kurz zuvor noch tobenden See. Sie wurden von einem Empfangskomitee begrüßt als die Hauptdarsteller des »Ersten Bodensee-Untergangsfestivals«, das unter großer Beteiligung von Zuschauermassen an den Ufern von den Fremdenverkehrsorganisationen der Anrainerstaaten als einmaliges Naturtheater organisiert worden war, und erhielten einen Gutschein überreicht für ein gemeinsames Wochenende auf der Insel Reichenau mit garantiert organisch-biologischer Ernährung aus insularem Gemüseanbau.

Norbert Jacques
Am Bodensee

Vierundzwanzig Stunden später trat ich in Bodman in die »Linde«. Ich bekam ein Zimmer in dem neu erbauten Häuschen am Ufer und konnte durch mein Fenster in den Bodensee steigen. Wie voll romantischer Gewähr erschien mir schon diese Eigentümlichkeit meiner ersten Bleibestätte am See! Ich hatte Bodman gewählt wegen der Nähe zu dem Häuschen und fuhr auch gleich hinüber. Enttäuschung! Italienische Arbeiter hatten es in Besitz genommen und bereits völlig verdreckt. So blieb ich in der »Linde« in Bodman.

Zum erstenmal in meinem Leben kam ich zwischen süddeutsche Menschen. Die meisten Mitgäste waren aus Stuttgart, und ebenfalls zum erstenmal hörte ich eine Gemeinschaft das Schwäbische sprechen. Es klang mir in einem sonderbaren Zwischenton zugleich lyrisch und komisch, doch schien mir seine Gemütlichkeit eine verkappte Gemütlichkeit zu sein ... ganz ein wenig, als sei es ein Sächsisch des Südens. Das Badische der Gegend, in welches mich der aus Markdorf stammende Posthalter einführte, der sein Büro in der »Linde« hatte, klang wesenhafter in meinem Ohr.

Mit vierundzwanzig Jahren einsam in diesem einsamen Dorf, trugen mich alle Impulse der Vorstellungskraft, die Notwendigkeit der Anwendung meiner Zeit, angeborene Bereitschaft zu der völligen Hingabe an die Landschaft. In den beiden letzten Jahren in Berlin und Oberschlesien hatte ich Landschaft suchen müssen, wie eine verlorene Stecknadel. Denn das Dorf hatte damals noch innige Anlehnung an den See. Es war das naturverwachsenste Dorf am Schwäbischen Meer. Und es war so schön, wie die Wälder, an den Hängen steil herabkletternd, dicht an ihm Halt machten, als gelte es, dieses Dorf als einen Liebling zu umhegen. Es lag sozusagen dem See und dem Wald in den Armen.

Die Ruinen und das erhaltene Frauenschlößchen tauchten auf ihren Kegeln, wie Inseln, aus dem Meer der Baumkronen. Sie standen wie die versteinte Sprache vergangener Menschen über den Geräuschen des Dorfes, die aus Menschen- und Viehlauten, und bei Sturm aus dem Verprall der Wogen und dem Rauschen der Wälder gemischt waren. Das Frauenschlößchen war geradezu das Sinnbild des Weltflüchtigen ... und am Dorf selber fing sich die wilde Natur des Waldes in dem Hirschgehege, dann in den Anlagen und schließlich in dem freundlichen Schloß der Herren von Bodman auf. Eichendorff! Eichendorff! Ich ging nicht in diese Landschaft hinein, ich tauchte in sie unter. Wie in einem zweiten Reich unter Wasser, in welchem ein Licht aus dem Geheimnis der Schöpfung die Umwelt verzauberte, schwebte ich in ihr.

Wenn das geologische Gebilde den Körper einer Landschaft bedeutet, so bildet ihre kulturgeschichtliche Vergangenheit ihre Seele. Und beide waren in diesem Dorf gleich reich. Seine Siedlungsgeschichte reichte über mehrere tausend Jahre bis in das Chaos zurück, in welchem sich die ersten Keimzellen mitteleuropäischer Menschengemeinschaft abzeichneten. Machte man sich mit einigem Eifer dahinter und erreichte man die Gunst des richtigen Platzes, so konnten die Reste der Pfahlbauniederlassungen auch einen gelegentlichen Sucher mit einem Steinbeil, einer Pfeilspitze oder einem Spinnwirtel bedenken, welche vor fünf- oder achttausend Jahren den Ahnen das Leben hatten fristen helfen. Heute ließen manche Bauern ihre Ziegen und Kühe ungemolken, um in diesem Gebiet eine Art von Schatzgräberei zu betreiben. Die Regierung hat dann aus volkswirtschaftlichen Gründen das Graben nach Funden verboten.

In der »Linde« wohnte der Archäologe Dr. Pflaht, und ich zugesellte mich ihm, wenn er dem Mauerwerk der Kaiserpfalz nachgraben ließ, welche Karl der Dicke sich als Refugium ausgewählt hatte. Kirche und Friedhof überdeckten die alte Niederlassung, die in die Jahre der Reichenauer Klostergründung im siebenten Jahrhundert zurückging, vermutlich sogar in die alemannische Zeit der Besitznahme des Landes reichte. Wir fanden freilich nicht viel. Ich erinnere mich nur an einen Knopf. Aber aus den Quaderwällen, die von dem alten Bauwerk erhalten waren und in die Erde versanken, stieg der Odem eines Zeitalters in die Phantasie, das man sich vorstellte: hart und männlich in der Tugend, wie ein Schwert, und in seiner Gesinnung adelig und großartig, wie das Goldbrokat eines königlichen Mantels, ein Zeitalter, in welchem das Persönliche das Ausmaß einer Statthalterschaft Gottes auf der Erde darstellte.

Die Benediktiner auf der Reichenau erzogen in ihren Ordensschulen die Söhne dieser Könige und Fürsten in allen Weisheiten der damaligen Welt. Ihre Künstler, von geheimnisvollen Erregungen begnadet, malten, wie mit Edelsteinen, die Blut des Lebens hatten, die Wunder Christi in ihre Bücher, um ihren und ihrer Brüder Glauben zu bezaubern; und um Sinne und Phantasie des heidnischen Volkes in den Bann des Glaubens zu legen, malten sie in Bilderbögen, mit überschwänglichen Formen und Inhalten dieselben Wunder groß und Christi Ruhm verkündend an die Wände der Kirchen, in welche der Bauer von seinem Acker, der Fischer aus seinem Kahn traten.

Über den Hügelrücken des Bodans hinüber ging es zu dieser Reichenau. Auch nordwärts bei Goldbach lag ein Kirchlein mit Gemälden jener Mönche am See. Man hatte sie gerade unter dem Kalk zurückgefunden. Zum erstenmal in meinem Leben erlebte ich eine Landschaft in ihrem Einssein von Körper und Seele. Das, was durch Jahrtausende die Menschen in sie hineingelegt, – gekämpft, – gelitten und – gejubelt hatten, kam mit zu mir, und da es bedeutender war als die Aussagen des Lebens der Gegenwärtigen, hätte ich leicht über diese hinwegschauen können.

Elisabeth Noelle-Neumann
Das weiße Haus am Bodensee

An einem schönen Abend im Jahr 1940, der Krieg hatte gerade erst begonnen, schlenderten Erich Peter Neumann und ich über die Friedrichstraße in Berlin, die damals eine beliebte Amüsiermeile mit vielen Cafés, Varietés und Musiklokalen war. Wir kauften ein Knallbonbon, zogen es auseinander, und heraus fiel ein kleines, etwa einen Zentimeter großes, weißes Häuschen. Ich sagte: »Das ist unser kleines weißes Haus nach dem Krieg am Bodensee.«

Ich frage mich bis heute, wie ich darauf kam, im Jahr 1940 ganz selbstverständlich von unserem Haus am Bodensee zu sprechen, als könne es daran gar keinen Zweifel geben, daß wir nach dem Krieg dort leben würden. Nüchtern betrachtet erschien diese Aussicht im Jahr 1940 ganz und gar unwahrscheinlich. Doch Erich Peter nahm meine Bemerkung sehr ernst. Er bewahrte das kleine Haus aus dem Knallbonbon auf und ließ ein Ei aus Rosenquarz anfertigen, das man in zwei Teile zerlegen konnte. In die Mitte ließ er eine Höhlung schleifen, in der das kleine Haus Platz hatte. Dieses Ei besitze ich noch heute. Wenn man es öffnet, kommt im Innern das Haus zum Vorschein, befestigt mit einer kleinen Kette, damit es nicht verlorengehen kann ...

Ende März 1946 standen wir zum ersten Mal im Haus am Seeweg 14 in Allensbach, gingen durch den mit Müllbergen zugedeckten Garten und blickten über den Bodensee auf die Insel Reichenau ...

Wenig später, im späten Herbst 1946, standen unser Vermieter und ein mir unbekannter französischer Offizier unangemeldet vor unserer Haustür in Allensbach. Colonel Lahy fragte mich: »Können Sie für uns Jugendumfragen organisieren?« Das war der Beginn des Instituts für Demoskopie in Allensbach.

Wir begannen sofort mit der Arbeit, mieteten eine Garage in Allensbach, direkt am See, wenige Grundstücke neben unserem Wohnhaus entfernt, stellten die ersten Mitarbeiter ein und entwickelten Fragebogen. Am 8. Mai 1947, genau zwei Jahre nach Kriegsende, fanden die ersten Interviews im Auftrag der französischen Militärregierung in der Volksschule von Ludwigshafen am Bodensee statt. Bis heute feiern wir deswegen am Institut für Demoskopie Allensbach am 8. Mai unseren »Institutsgeburtstag«. Über die Organisationsform des Instituts machten wir uns zunächst wenig Gedanken – es wurde erst ein Jahr später als Unternehmen ins Handelsregister eingetragen. Ich kam auch gar nicht auf die Idee, daß das Vorhaben scheitern könnte. Sorgen, daß die Gallup-Methode in Deutschland vielleicht nicht funktionieren könnte, daß wir nicht in der Lage seien, das Verfahren richtig anzuwenden, oder daß es sich als unmöglich erweisen würde, mit Umfragen ein erfolgreiches Unternehmen aufzubauen, hatte ich nicht, ich dachte über solche Dinge gar nicht nach. Wir begannen einfach mit der Arbeit, alles weitere würde sich schon nach und nach ergeben.

Demoskopie. Der Begriff war aus dem Altgriechischen entlehnt und fügte die Begriffe »demos« (das Volk) und »skopein« (betrachten) zusammen. Umfrageforschung als Volksbetrachtung. Das leuchtete mir ein. So beschlossen wir, unser neues Institut »Institut für Demoskopie« zu nennen. Im Laufe der Jahre ging der Begriff in die deutsche Sprache ein und wird heute ganz selbstverständlich als Bezeichnung für Umfrageforschung verwendet.

Wilhelm Messmer
Das Dorf, der See und ich

Nein, antworte ich, wenn ich gefragt werde, ob ich die Gegend jemals verlassen habe. Nein, ich bin hier nie rausgekommen. Und ehrlich gesagt: Ich bin auch nie auf den Gedanken gekommen, Dingelsdorf und dem See den Rücken zu kehren.

Ich bedaure das nicht. Warum sollte ich auch? Wir können seit 63 Jahren miteinander, das Dorf, der See und ich. Ich wurde hier geboren. Und ich lebe in dem Haus meiner Eltern, das schon das Haus ihrer Eltern war. Hier waren ihre, hier sind meine Wurzeln. Der See gibt mir mein tägliches Brot. Der See war schon meinen Vätern gegenüber fürsorglich.

Ich bin Fischer von Beruf. Fischer in der fünften Generation der Messmers. Die Fischerei war bei uns wie ein Erbgut. Mehr noch: sie liegt im Blut. Die ganzen Gespräche, die früher bei uns geführt wurden, handelten vom See, der die Fische hergibt. Als Kind habe ich nie daran gezweifelt, welchen Beruf ich ergreifen würde: die Fischerei, was sonst.

Ich erinnere mich noch gut daran, als ich zum ersten Mal mit Großvater auf den See durfte. Das war vor meiner Einschulung. Wir mußten sehr früh aufstehen, aber das machte mir nichts aus. Mit dem Motor ging es raus auf den Obersee. Wann immer der Wind es zuließ, setzte Großvater das Segel. Das war ihm lieber. Segeln war billiger und vor allem leiser. Die »Auer-Maschine«, gebaut in Überlingen, stank nach Benzin, lärmte einem die Ohren voll und war anfällig. Oft fuhr Großvater daher nach Überlingen zur Reparatur. Die alte

Reichsstadt war damals der Nabel unserer Welt, nicht Konstanz.

Der aufregendste Augenblick meines ersten »Morgenschwepps« war der, als das Zugnetz, die »Segi«, ein Netz für Flachfischerei, ins Boot gezogen wurde und ich darin die Fische im Dutzend silbern zappeln sah. Von da an wollte ich immer wieder aufs Wasser. Als ich in der Schule war, nahm mich Großvater, der fünf Söhne hatte, die allesamt Fischer geworden sind, zum »Abendschwepp« mit. Oft bin ich im Boot eingeschlafen, während die Männer redeten oder ruhig in den dunklen See starrten. Wenn es aber daran ging das Netz einzuholen, war ich wieder hellwach – der Tanz der Fische hatte nichts an Faszination verloren. Zu Hause hieß es dann voller Stolz, »mir hond Brate g'fange«.

Damals waren 100 Felchen, mit zwei Leuten eingeholt, ein gutes Ergebnis. Wenn ich heute mit der gleichen Anzahl Fische nach Hause komme, muß ich enttäuscht sein. Die Fänge früher waren bescheidener, entsprechend den bescheideneren technischen Voraussetzungen für den Fischfang. Früher hatten sie einen 6-PS-Motor, da war man im Sturm schlecht dran; heute habe ich eine 45-PS-Maschine an Bord, ich komme immer durch. Früher waren die Baumwoll-Netze schwerer und vor allem empfindlicher; heute arbeiten wir mit starken, spinnwebenfeinen »monofilen« Kunststoffnetzen. Früher mußten die Fischer den See mit den Augen nach dem Netz absuchen; heute peile ich das ausgelegte Maschenwerk mit Funk an; ich habe keinen Zeitverlust, wenn es von Strömungen kilometerweit fortgetrieben wurde. Der Fisch stirbt mir nicht im Netz, was damals häufiger vorkam.

Großvater und Vater waren, was die Fischerei angeht, meine großen Vorbilder. Im nahen Dettingen besuchte ich später die Landwirtschaftliche Berufsschule. Das waren die Anfänge. In Langenargen erhielt ich schließlich meinen Meisterbrief als Fischwirt.

Damals wie heute konnten die Fischer am Bodensee vom Fang allein nicht leben. Das zweite Standbein meines Großvaters und auch das meines Vaters war die Forst- und Landwirtschaft. Es war ein von den Jahreszeiten bestimmtes Pendeln zwischen den Existenzen. Der Tag war geteilt, die eine Hälfte gehörte der Feld- und Waldarbeit, die andere dem See und der Fischerei. Reich wurde man dabei nicht, aber es reichte lange gut zum Leben. Ende der 60er Jahre haben Vater und ich die Forst- und Landwirtschaft aufgegeben. Sie war nicht mehr rentabel. Wir machten statt dessen eine Fischräucherei und Filetiererei auf und beherbergten Ferien-Gäste. Das ist auch heute unser zweites Standbein.

Die Berufsfischerei am Überlinger See ist heute ein aussterbender Beruf. So will zum Beispiel keiner meiner drei Söhne in meine Fußstapfen treten. Von meinen beiden Töchtern ganz zu schweigen. Mangels Flachwassergebieten und Zuflüssen, gibt dieser Teil des Sees wenig Fisch her. Karpfen und Schleie, früher hier viel vorhanden, stehen zudem nicht eben hoch im Kurs bei den Konsumenten.

Die Fischer vom Überlinger See müssen weit fahren, bis zur Höhe von Langenargen und Rorschach. Von Bodman oder von Sipplingen aus ist das eine kleine Weltreise. So gesehen leben wir an der falschen Ecke des Sees. Die Fischerei rechnet sich von hier aus kaum mehr, auch wenn der Fisch, vor allem der Kretzer und das Felchen, als Nahrungsmittel gegenüber früher populärer geworden sind. Denn natürlich kommt es immer wieder vor, daß man mit halbleeren Netzen nach Hause kommt.

In Bodman gibt es keinen Berufsfischer mehr, auch nicht in Ludwigshafen-Sipplingen, in Überlingen und Nußdorf.

Früher gab es wenigstens einen »Professionellen« in jedem Ort. Die Netze, am Ufer auf Holzpfählen zum Trocknen und Flicken aufgehängt, waren das sichtbarste Zeichen dafür.

Großvater und Vater, denke ich zurück, lebten in vielerlei Hinsicht in einer anderen Zeit. Hektik kannten sie nicht. Für ein Gespräch war immer Zeit. Sie brachten Leistung, aber ohne Druck. Wenn das Wetter nicht mitspielte, dann blieb die Axt im Hause, das Boot am Ufer. Man traf sich in der Dorfbeize zum Bier und Viertele. Oder man verlegte das Fest auf den See. Einmal kamen nahezu 30 Fischer aus Deutschland, Österreich und der Schweiz mitten auf dem Obersee zu einem Palavar zusammen; sie banden ihre Boote aneinander und ließen den Herrn einen guten Mann sein. Irgendwie war ihre Welt in Ordnung.

Nein, von Romantik spüre ich heute kaum mehr etwas, antworte ich, wenn ich danach gefragt werde. Großvater und Vater fischten ausschließlich in der Frühe und am Abend. Sie ruhten zu Hause in ihren Betten. Ich verbringe an vier Tagen in der Woche die Nächte im Boot. Das ist die unangenehmste Seite meines Berufs. Auf dem See schlafen fällt mir immer schwerer. Der Spaß der Kinderjahre – er hat sich wohl erschöpft.

Mein Arbeitstag auf dem See beginnt am späten Nachmittag.

Jede Jahreszeit ist anders. Jeder Tag ist anders. Das Wasser wechselt von Minute zu Minute die Farbe. Der See ist ein Meister des Wechselspiels. Und ich bin Augenzeuge. Ich erfreue mich immer wieder an diesem Wunder. Jeder Tag bringt einen anderen Wellenschlag, andere Wolken, Nebel- und Sturmbilder.

Die Föhnstürme sind gefürchtet am See. Man muß nur mal mit den Seglern reden. Besonders die Fallwinde auf der Höhe Rorschach und Langenargen sind unberechenbar. Sie kommen wie aus einem Sack.

Meine Erinnerung an den ersten großen Sturm geht auf das Jahr 1949 zurück. Ich war mit Vater in Richtung Immenstaad unterwegs. Der Raddampfer »Bavaria« hatte, wie wir sahen, große Mühe von der Landestelle in Hagnau wegzukommen, die Landebrücke war vollkommen überflutet. Ich hatte Angst. Vater bemerkte das und lachte. Er drehte sich im nassen Vorschiff eine Zigarette und rauchte sie lustvoll an. Mein Vater der Psychologe: Seine Seelenruhe sprang auf mich über, plötzlich war meine Angst weg. Wir landeten bald in Immenstaad. Zwei Kollegen aus Dingelsdorf dagegen verloren an diesem Tag ihre Netze und ihre Boote. Nur mit viel Glück überlebten sie den Sturm. Erst vor einigen Jahren hat mir ein Föhnsturm die Scheibe meines Bootes eingedrückt; die Wellen waren hoch, ich mußte mich ans Steuerrad anbinden und auf dem Boden sitzen, um nicht über Bord gespült zu werden. Aber das ist nicht die Regel. Meistens ruht der See.

Um neun Uhr abends bin ich in der Koje. Mit Palaver ist da nicht viel. Gelegentlich treffe ich auf Kollegen, manchmal kommt es zu einem Schwatz mit dem Hafenmeister. Das Radio an Bord ist meine einzige Verbindung zur Welt. Fischerei am See ist ein einsamer Job. Um vier Uhr morgens stehe ich auf. Einen Wecker brauche ich nicht. Bei Sturm oder Gewitter ist an Schlaf sowieso fast nicht zu denken. Im Sommer sind es die Vögel, die mir bedeuten, daß die Nacht zu Ende ist. Und auch am Lärm der Flugzeuge, die zwischen München und Zürich verkehren, kann ich abschätzen, daß es Zeit zum aufstehen ist. Wenn die dritte Maschine kommt, sitze ich schon am Steuerrad.

Es sind gute Fische, die wir heute am See fangen. Das war

nicht immer so. Noch in den 60er Jahren drohte der See zu verkloaken. Kleine Fischarten starben weg wie nichts. Fische mit Geschwüren, heute ganz selten, tauchten massenhaft auf. Ihr Fleisch war schwammig, kaum genießbar. Dank der Kläranlagen rund um den See haben wir wieder ein sauberes Wasser.

Das Einziehen des Netzes knapp vor Sonnenaufgang muß flink vor sich gehen. Solange es noch dunkelt, schwimmt der Fisch ruhig im Netz. Ist es erst einmal ganz hell, dann bewegt er sich und streßt sich manchmal zu Tode.

An Bord des Bootes ist eine Schuppmaschine. Ich nehme die Fische auf der Rückfahrt aus. Da habe ich keinen Blick für den See übrig. Die Fische sind am Ende bratfertig oder gut zum Räuchern.

Eine Mänade im Sturm und die Zärtlichkeit einer Gegend
Das oberschwäbische Ufer von Meersburg bis Überlingen

Annette von Droste-Hülshoff
Der Sturm

Einen Sturm habe ich erlebt, oh, einen Großpapa aller Stürme, und habe Gott gedankt, daß ich ihn allein überstehen mußte. Es war in der zweiten Woche nach ihrer Abreise, ich hatte einen weiten Spaziergang weit über Haltenau hinaus gemacht und mich eben zum Rückwege gewendet, als ein wahres Teufelswetter losbrach, ohne Regen, nur Sturm, aber um Berge zu versetzen. Bei jedem Ruck faßte er mein dickes wattiertes Kleid und wollte mich über die Mauer reißen, so daß ich gleich bergan in die Reben flüchten mußte, wo ich mich kümmerlich an den Pfählen fortlavierte bis Haltenau, und dort wie ein verunglückter Luftballon mehr plumpste als flatterte, nämlich mit halben Überstürzen, was sich wahrscheinlich eher mitleidswert als graziös mag ausgenommen haben. Die dicke Rebfrau konnte auch mit ihrem »B'hütis Gott! B'hütis Gott!« gar nicht aufhören und meinte, sie würde jetzt um fünf Gulden nicht um die Mauer nach Meersburg gehen. Was half das alles? Ich mußte doch nach Hause, obwohl das Wüten draußen mit jeder Minute ärger wurde. So ging ich wieder los und versuchte als letzten Ausweg, mich gleich den Berg hinauf zu arbeiten, wo ich schlimmstenfalls doch nur bis in die nächsten Rebpfähle geschleudert werden konnte – freilich, wenn's mit Vehemenz geschah, immer gefährlich genug, und zudem hätte ich, wie Sie wissen, Klippenwände passieren müssen. Vielleicht war's gut, daß der Versuch mißlang, es war keine Möglichkeit, bei jedem Schritt höher konnte mich der Wind derber packen, ich mußte mehr kriechen als gehn und bei jedem Ruck niederhocken, um nicht weggerissen zu werden, also wieder bergab! Doch blieb ich zwischen den Reben, etwa dreißig Fuß über dem Mauerwege. Es war eine greuliche Arbeit; ich habe über eine Stunde gebraucht; die meiste Zeit saß ich in einem Klümpchen dicht zusammen und wartete die Pausen der Stöße ab, um dann zehn oder zwölf Schritte voran zu arbeiten.

Was wir zusammen erlebt haben, kann Ihnen nicht einmal einen schwachen Begriff davon geben, aber der See war unbeschreiblich schön, so durchsichtig und in allen Farben wechselnd, wie ich davon vorher keinen Begriff gehabt. Die Sonne warf durch die Wolkenlücken ein prächtiges falsches Licht darauf, und ich wurde fast geblendet durch das Blitzen der Springwellen, die unter mir wie eine Reihe Fontänen aufstiegen, und zwar nicht, wie wir es kennen, nur diesseits der Mauer, sondern wenigstens vierzig Fuß höher, weit über mir und meinen Rebstöcken, niederplatschten, so daß ich nach ein paar Minuten keinen trocknen Faden mehr am Leibe und mein Rock sich in einen gefüllten Schwamm verwandelt hatte, der mich niederzog wie Blei. Ich kann Ihnen sagen, Elise, daß ich froh war, als ich das Tor über mir und meine bedenkliche Fahrt sich in eine klatrige durch die Unterstadt verwandelt hatte. Noch einmal hatte ich einen schweren Stand, die Stiegen hinauf, wo der Wind wieder alle Macht hatte, und besonders auf der langen schmalen Brücke über den Mühlrädern, wo ich einmal keinen anderen Rat wußte, als mich platt hinzuwerfen, und doch wohl herabgeweht wäre, wenn nicht der Müller, der auch gerade genötigt war die Brücke zu passieren, mich am Boden festgehalten und dann auch die letzte Stiege hinaufgeleitet hätte.

Meinen dicken Rock habe ich acht Tage lang nicht anziehn können, solange hat er auf dem Boden trocknen müssen. Da mir das Abenteuer nicht geschadet hat, ist's mir doch lieb, den See einmal in seiner tollsten Laune gesehn zu haben, um so mehr, da es nur für einmal im Leben ist, denn ein anderes Mal werde ich mich hüten! Ich mag die Lachsforellen und Gangfische viel lieber essen, als von ihnen gegessen zu werden, und es würde mir sogar nur wenig Trost bringen, wenn statt ihrer meine Lieblinge, die Möwen, mich aufpickten.

Harriet Straub
Die Droste in Meersburg

Meersburg ist ein sehr merkwürdiges Städtchen, es könnte sogar ein Idealstädtchen sein, um das Deutschland beneidet werden könnte, wenn der Geist, der dort ... oder sagen wir mal der Wein, der dort wächst, nur um ganz wenige Grad »süffiger« wäre. So ist ein bissel viel Säure und Radau da zu Hause, und das verdirbt die Traumstimmung, die geistige Atmosphäre, die der Dreiklang großartiger Weite von See und Alpenblick, trutziger Historie der alten Burg und behaglicher, bürgerlicher Winkelgassen und Stadttore uns sonst vermitteln würde.

An stillen Nebeltagen oder auch in mondscheinhellen Herbst- und Winternächten, da schüttelt Meersburg die moderne Radauzeit ab, und man sieht die Droste durch die mit Nebelfetzen behangenen Tore huschen. Das alte Mütterchen mit dem dickwattierten Rock und dem großen Dreiecktuch, so wie's die bekannten ältesten Leute, die aber jetzt auch schon alle gestorben sind, noch gesehen haben in ihrer Jugend und uns schilderten, als wir damals nach Meersburg zogen und Umfrage hielten nach lebendigen Erinnerungen an die toten Berühmtheiten, nach Droste, Laßberg und dem genialen Mesmer.

Meersburg schätzt aber seine großen Toten, wenigstens soweit sie zur Vermehrung des Fremdenverkehrs beitragen. Droste und Laßberg, die in der nördlichen Ecke des Friedhofs ihren letzten Schlaf schlafen, haben ihre feststehende Zugkraft. Laßberg zwar so nebenher, mit und wegen der Droste, der berühmte Schwager der berühmteren Droste, aber immerhin, man weiß doch: Germanist, Grimm- und Uhland-Freund, Nibelungenhandschrift und überhaupt ...

Mesmer, da weiß man schon bedeutend weniger, Magnetismus, Wunderkuren, so etwas wie ein Scharlatan, aber es war einmal viel Aufhebens um ihn, damals, als er in der großen Welt lebte, in Wien und Paris. Ja, und dann hat er den eigenartigen Grabstein! Jeder, der den Friedhof besucht, stutzt über den dreikantigen Block, der da, fast in der Mitte, neben dem großragenden Kreuz, den Blick anzieht. Wer liegt da? Was bedeutet die Glasschale, violett opalisierend, und die merkwürdigen Zeichen auf den Kanten? Also, immerhin eine Sehenswürdigkeit, wert, am Eingange zum Friedhof auf der Blechtafel erwähnt zu werden, die den Fremden sagt, was sie hier zu suchen haben. Auf derselben Blechtafel steht immer wieder mit Bleistift in ungelenken oder zierlichen Handschriften die Frage: Wo liegt Fritz Mauthner? Aber die Fragen werden sorgfältig immer wieder wegradiert, denn noch ist Mauthner nicht zugkräftig genug, um auf der Blechtafel des Ruhmes erwähnt zu werden. Und außerdem hat er, wie ein Stadtrat auf Anfrage eines Besuchers sagte, auch kein sehenswertes Denkmal (er hat nämlich auf seinen Wunsch nur eine Holztafel mit seinem Namen), warum sollen die Leute denn da zu seinem Grabe wollen.

Da Geister undiszipliniert sind, zum steten Ärger aller Nichtgeister, und sich gar nicht um Einschachtelungen in bestimmte Wertkategorien zu kümmern pflegen, gibt es glaubwürdige Zeugen, die behaupten, vom Obertor her, zwischen »Bären« und »Löwen« und unter dem Rathaustor durch nach dem Schänzeli zu, die Droste Arm in Arm mit Mesmer und Mauthner gesehen zu haben, und wer ihnen still nachschlich, der konnte sie da an der vorspringenden Mauer stehen sehen, still zum Säntis hinübergrüßend. Lebhaft ist der Meinungsaustausch, nur verstehen konnte der Lauscher nichts, wortlos schienen sie sich zu verständigen.

Meersburger waren's nicht, die das sahen, und sie würden es kaum glauben wollen. Aber die Droste, wie gesagt, ist der Stolz des Meersburger Friedhofs und auch der Stadt. Im Alten Schloß wird ihr Sterbezimmer gezeigt und Postkarten und Tassen mit ihrem Bildnis verkauft, und in ihrem kleinen Besitz, dem Fürstenhäusle, ist seit einigen Jahren ein richtiges Droste-Museum entstanden mit viel liebevoll gesammelten Andenken aus ihrem Besitz. Muschelchen und Steinchen, die sie gesammelt, Silhouetten, die sie geschnitten, eine Locke ihres blonden Haares, aber auch Manuskripte und Bücher und die von ihr komponierten Lieder kann man da einsehen.

Man freute sich in Meersburg, als die neubegründete Droste-Gesellschaft aus Münster sich entschloß, am Bodensee zu tagen.

Es leben um den See herum eine ganze Menge Menschen, die noch Zeit haben, über die Literaturgeschichte hinaus ein persönliches Verhältnis zur Droste zu pflegen. Und wenn in den stillen Wintertagen der Säntis endlich einmal seinen Nebelmantel abwirft, dann rufen viele mit den Droste-Worten zu dem alten Wächter hinüber: »O Säntis, gib den Tauwind frei.« . . .

Aber Meersburg ist doch ein lieber Ort, und ich möchte jedem Deutschen gönnen, einmal den Weg zu machen vom Hafen auf der steilen Burgtreppe aufwärts an der uralten Mühle vorbei ins Alte Schloß, und von da aus hinauszusehen, hinweg über die steilen, winkligen Hausgiebel, auf die meerweite Fläche des Bodensees, hinüber zu den schneefunkelnden Alpen, von der Schesaplana bis zu den Bernerbergen. Vom Alten Schloß zum Neuen, mit seiner prunkvollheiteren Treppe sind's nur ein paar Schritte, aber dann soll man in den winkligen Höfen und Gassen des alten Städtchens sich verirren, bis das »Tempo der Zeit« uns verlorengegangen ist, zusammt den letzten 90 Jährlein. Dann folgen wir der zierlichen Gestalt, die da vor uns einen Rebhügel hinaufhuscht, und stehen vor dem Fürstenhäusle, dem Besitz der Droste, den sie eigentlich eben auch nur im Traum besaß, wie alles, was ihres Lebens Inhalt und karge Freude war. Wohnen durfte sie ja nie da oben, das hätte sich für das Freifräulein von Droste kaum geschickt, nur hie und da ein Traumstündchen war ihr vergönnt, da oben in dem Puppenhäuschen, mit dem überwältigenden Blick in die schönste Welt.

Wollen wir ihr Grab besuchen? Es liegt nicht weit von ihrem Rebhäuschen. Aber lebendiger ist sie bei uns, wenn wir dem Westen zu gehen, durch ein stilles Wiesental und einen kleinen Wald, ein wenig bergauf, dann kommen wir zur »Schenke am See«, dem Glaserhäusle, wo sie mit Levin Schücking so gerne saß.

Annette von Droste-Hülshoff
Sommer

Du gute Linde, schüttle dich!
Ein wenig Luft, ein schwacher West!
Wo nicht, dann schließe dein Gezweig
so recht, daß Blatt an Blatt sich preßt.

Kein Vogel zirpt, es bellt kein Hund;
allein die bunte Fliegenbrut
summt auf und nieder übern Rain
und läßt sich rösten in der Glut.

Sogar der Bäume dunkles Laub
erscheint verdickt und atmet Staub.
Ich liege hier wie ausgedorrt
und scheuche kaum die Mücken fort.

O Säntis, Säntis! Läg' ich doch
dort – grad' an deinem Felsenjoch,
wo sich die kalten, weißen Decken
so frisch und saftig drüben strecken,
viel tausend blanker Tropfen Spiel:
Glücksel'ger Säntis, dir ist kühl!

Martin Walser
Fortgesetzte Naturnotiz

Zurückgelehnt meist schau ich den warmen stürmischen Tagen zu, die im Sommer über den See ziehen. Ich schaue dem
Wetter zu. Eine Stunde lang. Sieben Eichen stehen dem Wetter bzw. mir zur Verfügung. Vom See her laufen die Winde
durch die Blätter. Eine Fülle von Bewegungen, die nicht von
der Stelle kommen. Nach der Stunde, die man als Zuschauer
von im Wind schwankenden Eichenästen verbringt, kann
man sich an nichts mehr erinnern. Haschen nach dem Wind,
hat es, glaube ich, der Prediger Salomo genannt. Selbstauf-
lösung ist es. Man hat eine Stunde lang nichts mit sich zu
tun. Und nichts mit andern. Wenn die Stunde vorbei ist,
ist nichts passiert, als daß eine Stunde vorbei ist. Kein Grund
zur Panik. Aber ein bißchen reizt es doch, daß eine Stunde
so mir nichts dir nichts vergangen ist. Ich glaube, die Bewegungen der Äste und Blätter im Wind entsprechen einer Erwartung. Fallen also befriedigend aus. Die dünnen Äste bewegen sich heftiger, die dicken gemächlicher. Genau so erwartet
man es. Was da vor sich geht, kann nicht anders sein. Aber
keine zwei Äste sind gleich dick, also bewegen sich keine
zwei Äste gleich schnell, also ist so ein Baum eine Zusam-
menfassung von nur von einander verschiedenen Bewegungen. Eine von einem Stamm völlig ruhige gehaltene Vielfalt,
die in jedem Augenblick nichts zum Ausdruck bringt als
Notwendigkeit. Das ist vielleicht das Befriedigende, Zeitver-
treibende, Hinreißende, Allesvernichtende: das Erlebnis der
puren Notwendigkeit. Nicht zu vergessen das Rauschen. Das
der Bäume, das des Sees. Dann regnet es. Die Tropfen plat-

zen deutlich auf die Blätter und führen in dieses ereignislose Geschehen so etwas wie Rhythmus ein bzw. Zeit. Und schon zählst zu mit.

Martin Walser
Was bleibt ist der Wechsel

Man muß nicht fröhlich sein. Am Bodensee, meine ich. Heitere Landschaft und so. Benediktinisch, lieblich, süß und fromm. Davon weiß ich nichts. Dieser See bewirkt, glaube ich, nicht dies oder das. Wenn er etwas einprägt, dann den Wechsel. Die Nichteigenschaft. Ich bin vieles nicht. Das lerne ich hier. Dieser im Süden des Nordens gelegene See besteht auf nichts. Wenn Junitage durch die Blätterkronen brausen und die Wasseroberfläche in Gefunkel zerspringt, tut der See mittelmeerisch. Von Spätherbst bis Vorfrühling führen ihn Stürme weißgrün vor; da spielt er Fjord. Dieser See spielt alles nur. Identität gedeiht hier schwach. Das Klimatheater, das auf der anpassungssüchtigen Seebühne seine pausenlose Unbeständigkeits- und Überraschungsdramaturgie betreibt, will, daß wir uns an nichts halten als an den Wechsel. Das Wetter tut so, als müßten hier tausend verschiedene Wetter im Akkord produziert und, kaum produziert, sofort in die weite Ferne verschickt werden. Es ist, als arbeite die Atmosphäre ununterbrochen. Ich habe immer den Eindruck, die Natur habe es furchtbar eilig. Wir sind doch überhaupt nicht gemeint. Wir liegen am Weg von Burgund nach Böhmen. Eine Wolke mahnt die andere zur Eile. Die Sonne rollt, sobald sie den Säntis erreicht hat, haltlos in den Thurgau hinab. Und selbst die kleinen Goschenwellen drängen zum Ufer, als hätten sie Termine. Darum sehen Bilder, die wirklich eine hiesige Stimmung festhalten, immer aus, wie auf die Sekundenspitze getrieben. Man sieht und spürt: so war es, so kann es nur eine Sekunde lang gewesen sein. Mich macht der Anblick dieses bloßen Tempos nicht fröhlich. Eher lustig. Man wird von einer grellen Stimmung erfüllt, die gar keinen Inhalt mehr hat. Grell, aber auch gelähmt kommt man sich vor als Zuschauer dieses Naturtheaters. Wahrscheinlich weil nichts auf dem Spiel steht als das Leben.

Martin Walser
Zärtlichkeit

Kann man, darf man einer Gegend Zärtlichkeit nachsagen? Die Gegend, das ist der See und das sind diese immer rund verlaufenden Hügel am See. Auch das Hinterland rundet sich so von Hügel zu Hügel. Tausendfach. Und keine zwei dieser runden Höhen sind einander gleich. Und das hochdeutsche Wort Hügel beweist einmal mehr, wie unfähig diese hochdeutsche Sprache ist, unser Hiesiges zu benennen. Bleiben wir bei Höhen. So heißen sie hier. Es sind Eiszeitgeschenke. Also schroff ist hier nichts. Auch wenn da und dort eine Molassewand steil tut. Jede dieser Wände ist biegsam, weich, zitronen- bis honigfarben. Jede zeigt, daß sie sich lieber rundet als streckt.

Und der See. Von allen Eiszeitgeschenken ist er das bedeutendste. Das Zärtlichkeit stiftende schlechthin. Auch wenn er sich von allen eingeführten Windstärken hin- und herjagen und aufregen läßt und wild tut wie ein Laienschauspieler, der einen Wildling spielt, auch wenn er dann darauf besteht, daß in ihm auch ertrunken werden kann; seine eigentliche Stärke ist, daß er alles mitmachen kann, was der Himmel gerade will. Und im Aufnehmen, Widerspiegeln und Vermehren von allen Angeboten der Zeit und der Welt ist er groß. Das ist überhaupt seine Größe. Alles aufzunehmen und sich zu eigen zu machen und dann so darzustellen, daß, wer nicht wirklich vertraut ist mit ihm, glaubt, die jeweilige Produktion, das sei nun wirklich er selber, der See. Temperaturen, Farben, Strömen und Ruhen, Wildheit und Schwere – er hat alles irgendwoher, kann aber daraus einen unerschöpflichen Reichtum an Zuständen und Stimmungen machen. Und damit wird widerrufen, daß er ein Laienschauspieler sei. Er ist eine unendliche Naturbegabung, denn alles, was er spielt, wirkt, als sei er das, was er jeweils spielt, ganz und gar. Wer ihn spielend ruhen sieht, hält es nicht für möglich, daß er eine halbe Stunde später wütet, als habe er einen Zorn auszuleben. Die Energien bezieht er von überall her. Korsika, Spanien, Burgund, Island ... alles sein Einzugsgebiet. Aber Katastrophen macht er nicht mit. Die sollen sich bitte anderswo austoben. Hochwasser? Da und dort netzt er mal einen Uferweg, macht Visite im Souterrain einer Villa, die ihm zu nahe getreten ist. Erdbeben? Kennt er nicht. Alle hundert Jahre läßt er sich einmal zufrieren. Das ist keine Katastrophe, sondern ein Fest. Ja, vor sechstausend Jahren hat er einmal im Westen so gegen die Molasse gedrückt, daß die nachgab, so hat er diesen abenteuerlichen Auslauf bekommen, der Rhein heißt und der sich, bis er dann ins Meer darf, allerhand gefallen lassen muß, was er sich an seinem Ursprung in Graubünden droben nicht hat träumen lassen. Der Wasserspiegel ist, als der See sich diesen Auslauf verschafft hatte, um vierhundert Meter zurückgegangen. Vierhundert Meter Land sei, heißt es, dadurch entstanden. Damit wir später darauf bauen und beten konnten. Die geologischen Daten beeindrucken mich mehr als alles, was es sonst über die Gegend zu wissen gibt. Ich bin dem Rhein von seinem hohen Anfang an zugetan. Vielleicht weil er für mich schon in beeindruckbarster Jugend im Hölderlin-Gedicht ausführlich, als »göttliches Wild« nämlich, vorgestellt wurde. Aber daß er einmal das heutige Rheintal als ein strömendes Meer ausgefüllt hat und sich dann zusammen mit dieser und jener Aach ein noch größeres Meer bei »uns« schuf, ist Erdgeschichtspoesie an sich.

Die Zärtlichkeit also, das Rundliche als Kontur, der See als Inbild der Uneigentlichkeit und zweitausend Jahre ohne Katastrophe – ausgenommen hausgemachte –, das darf sich doch ausgewirkt haben. Auf die Menschen, meine ich. Beweisen läßt sich das nicht, aber erleben schon. Ich kann wählen aus fünfhundert oder siebenhundert Dorfbewohnern, zu denen kommen gut noch einmal soviel dazu, wenn ich die ganze Pfarrei zum Erfahrungsfeld mache. Ob hinter den schwer gewordenen Kühen dorfeinwärts gehend, oder auf einem Traktor sitzend, oder auf der Leiter in den Kirschbaum gelehnt, oder als Kirchgänger, Kirchgängerin, erhobenen Blicks dorfabwärts, die Nase in die Luft gestreckt, als folgten sie einer frommen Witterung, erst am Weihwasserkessel angekommen, da sank die Nase, der Blick, von da an wurde Unwürdigkeit gespielt, wurde die jeweils fällige Kirchenjahrszerknirschung gezeigt, dann vor den Gräbern stehend, die Drandenkzeit mit der Seele zählend, oder die Trompete am Mund in der Blechmusik, oder den Schneepflug deichselnd oder beichtend oder fluchend, aber niemand ist getötet worden, niemand denunziert, die Gehässigkeit war hier ein Spiel, die Gemeinheit eine Komödie, geweint wurde, wenn Weinen dran war, gelacht auch, unmäßig hat man sein dürfen, saumäßig auch, aber nichts ohne Fassung, nichts ohne diesen goldenen Rand Zärtlichkeit. Und immer mit Glockengeläut. Alle ein Muster im zeitlosen Gegendtuch. Die Feindseligkeit, ein Import. Es ist dann kein Auge trocken geblieben. Es war dann bald wie überall. Aber vorher ist es zärtlich zugegangen. So wie jetzt nirgends mehr. Vielleicht hat sich aber alles erhalten hier, und mir kommt es jetzt nur weniger zärtlich vor, weil ich inzwischen selber durch diese und jene Erfahrung unzärtlich geworden bin, also Zärtlichkeit nicht mehr zu erleben vermag. Mag ja sein.

Johanna Walser
Windhostie

Ich bin froh, eine Mundart mitbekommen zu haben, eine hiesige, auch wenn die lange nicht mehr so reich und eigenständig ist wie die, welche meine Eltern und Großeltern früher sprachen. Infolge meiner langsameren Sprechweise wurde ich in der Fremde meist schnell als Süddeutsche identifiziert.

Mit Orten, an denen ich meine Kindheit verbrachte, mit der Bodenseegegend, in der ich aufwuchs, aber auch mit meinem Studienort Berlin bin ich auf eine bestimmte Weise verbunden. Erinnere ich mich an eine Kirche, in die ich als Kind gegangen bin, an eine Uferpromenade, die ich damals entlangspazierte, an einen Weg oder Ort, der mir in Berlin lieb geworden ist, habe ich das Bedürfnis zu diesen mit meinen früheren Erlebnissen verflochtenen Stätten wieder einmal hinzupilgern, um das Vergangene wieder genauer zu empfinden, um genau zu betrachten, wo ich war, aufmerksamer als damals. Was für Proust die »madeleines« waren, sind für mich Zwiebelkuchen und Suser.

Zum Beispiel hatte ich wunderbare Schulwege, ob ich mit dem Fahrrad durch die Wiesen und Weinhügel über dem Bodenseewerk fuhr, wenig befahrene Straßen entlang, an die überall Gärten grenzten, oder ob ich mit dem Bus unterwegs war oder an Überlingens alten, oft efeuumrankten Stadtmauern entlang durch mittelalterliche Gäßchen schlenderte, erstaunt über die verschiedenen Stimmungen, in denen sich der See und die Gegend zeigten, über die Vielfalt von Lichtschwankungen und Farbwechseln. Die vielen alten Gebäude in Überlingen belebten mich.

Während der Schulzeit durchstreifte ich gern Wälder und Wiesen um meinen Wohnort herum und bewunderte, was blühte. Auch unser Hinterland liebe ich, die sanft schwingenden Hügel, die Dörfer mit kleinen Kirchen, Fachwerkhöfen und Bauerngärten wie Kunstwerke. Einsame Höfe schauen von Hügeln herunter wie Könige. Als Kind war es für mich ein großes Ereignis, Verwandte auf einem Bauernhof im Hinterland zu besuchen. So viele Tiere, Katzen, Hunde und Kühe. Heu duftete damals, wie später nie mehr. Wenn im Sommer alles um den See sich drängt, ist es im Hinterland still, der Raum noch weit. Hohe Kornfelder leuchteten im Sommer warm und hell, neuerdings auch Felder von Sonnenblumen, von denen jede scheint wie eine kleine Sonne. Man fühlt sich in einem Land des Überflusses, wie auch im Herbst, wenn Bäume leuchtende Früchte reichen.

Die Frühlinge, die ich hier erlebt habe. Der Chor weißblühender Bäume, der Duft. An einem Frühlingstag las ich »Oliver Twist« zu Ende, und in der Bewegung, in die mich das Buch gebracht hatte, sah ich die fernen schneeigen Berge, den Säntis jenseits des Sees aufsteigen im rötlichen Abendabschiedslicht, das langsam verblaute. Manchmal, wenn ich nach einem Bild für Erfüllung suche, dann erinnere ich mich an das schimmernde, lächelnde Ineinander von Sonne und See. Wie der See die Sonne vermehrt. Als ich einmal mit einem Mädchen, das ich mochte, am Fenster saß, wir redeten, es Frühling war, und der sonnige See uns seinen Glanz entgegentrug, war es, als finde er für unser Zusammensein eine höhere Sprache, eine Lichtsprache.

Im Sommer liebe ich es, zwischen Wellen aus weichem grünen Glas zu verschwinden. Beide Ufer sind für einen Augenblick gleich fern, und ich bin ganz unangreifbar, weil nirgendwo als hier und jetzt in gläsernen, weichen, warmen Wogen. Die Uferhügel hüllen sich in Sonnendunst, und für mich gleichen sie Glücklichen. Blumen bezaubern Vorübergehende. Als Kind war ich Odysseus, wenn ich im Ufersand lag, oder Uferwildnis und schneidendes Schilf durchstreifte, besonders wenn der Wind mein Haar fliegen ließ und warm gegen meine Haut flatterte, oder an meinem Pulli zerrte, mich rauh anfaßte und das hohe Gras wehen ließ, als sehne es sich dorthin, wohin es wehte. Ins Ohr sang mir der Wind, vibrierend, daß ich unwillkürlich das Gefühl von etwas Heiligem bekam, als empfinge ich eine Windhostie.

Heute lege ich mich ans sonnenwarme Steinufer, wenn ich von der Arbeit ausruhe. Die Sonne wiegt mich, singt mich ein in Wärme und Licht, sie möchte mich entschädigen für das, was für mich traurig ist.

Ernst Jünger
Auf den Marmorklippen

Wenn man die Höhe der Marmorklippen erstieg, war das Gebiet, darin er [der Oberförster] die Gewalt erstrebte, in seinem vollen Umfang einzusehen. Um auf die Zinne zu gelangen, pflegten wir die schmale Treppe zu erklimmen, die bei Lampusas Küche in den Fels geschlagen war. Die Stufen waren vom Regen ausgewaschen und führten auf eine vorgeschobene Platte, von der man weithin in die Runde sah. Hier weilten wir manche Sonnenstunde, wenn die Klippen in bunten Lichtern strahlten, denn wo am blendend weißen Fels die Sickerwässer nagten, da waren rote und falbe Fahnen in ihn eingesprengt. In mächtigen Behängen fiel das dunkle Efeulaub von ihm herab, und in den feuchten Schrunden funkelten die Silberblätter der Lunaria.

Beim Aufstieg streifte unser Fuß die roten Brombeerranken und schreckte die Perlenechsen auf, die sich grünleuchtend auf die Zinnen flüchteten. Dort, wo der fette, mit blauem Enzian gesternte Rasen überhing, waren von Kristallen gesäumte Drusen in den Fels gebettet, in deren Höhlen die Käuzchen träumend blinzelten. Auch nisteten die schnellen rostbraunen Falken dort; wir schritten so nah an ihrer Brut vorbei, daß wir die Nüstern in ihren Schnäbeln sahen, die eine feine Haut gleich blauem Wachse überzog.

Hier auf der Zinne war die Luft erquickender als unten im Kessel, wo die Reben im Glaste zitterten. Zuweilen preßte die Hitze einen Windschwall hoch, der in den Schrunden sich melodisch wie in Orgelpfeifen fing und Spuren von Rosen, Mandeln und Melisse mit sich trug. Von unserem Felsensitze sahen wir das Dach der Rautenklause nun tief unter uns. Im Süden, jenseits der Marina, ragte im Schutze seiner Gletschergürtel das freie Bergland von Alta Plana auf. Oft waren seine Gipfel vom Dunst, der aus dem Wasser stieg, verhüllt, dann wieder war die Luft so rein, daß wir die Zirbelhölzer unterschieden, die dort bis hoch in die Gerölle vorgeschoben sind. An solchen Tagen spürten wir den Föhn und löschten im Haus die Feuer über Nacht.

Oft ruhte unser Blick auch auf den Inseln der Marina, die wir im Scherz die Hesperiden nannten und an deren Ufer Zypressen dunkelten. Im strengsten Winter kennt man auf ihnen weder Frost noch Schnee, die Feigen und Orangen reifen in freier Luft, die Rosen tragen das ganze Jahr. Zur Zeit der Mandel- und der Aprikosenblüte läßt sich das Volk an der Marina gern hinüberrudern; sie schwimmen dann wie helle Blumenblätter auf der blauen Flut. Im Herbst dagegen schifft man sich ein, um dort den Petersfisch zu speisen, der in gewissen Vollmondnächten aus großer Tiefe zur Oberfläche steigt und überreich die Netze füllt. Die Fischer pflegen ihm schweigend nachzustellen, denn sie meinen, daß selbst ein leises Wort ihn schreckt und daß ein Fluch den Fang verdirbt. Auf diesen Fahrten zum Petersfisch ging es stets fröhlich zu; und man versorgte sich mit Wein und Brot, da auf den Inseln die Rebe nicht gedeiht. Es fehlen dort die kühlen Nächte im Herbst, in denen der Tau sich auf die Trauben schlägt und so ihr Feuer durch eine Ahnung des Unterganges an Geist gewinnt.

An solchen Feiertagen mußte man auf die Marina blicken, um zu ahnen, was Leben heißt. Am frühen Morgen drang die Fülle der Geräusche hier herauf – ganz fein und deutlich, wie man Dinge im umgekehrten Fernrohr sieht. Wir hörten die Glocken in den Städten und die Böller, die den bekränzten Schiffen in den Häfen Salut entboten, dann wieder die Gesänge frommer Scharen, die zu den Wunderbildern wallten, und den Ton der Flöten vor einem Hochzeitszug. Wir hörten das Lärmen der Dohlen um die Wetterfahnen, den Hahnenschrei, den Kuckucksruf, den Klang der Hörner, wie sie die Jägerburschen blasen, wenn es zur Reiherbeize aus dem Burgtor geht. So wunderlich klang alles dies herauf, so närrisch, als sei die Welt aus buntem Schelmentuch gestückt – doch auch berauschend wie Wein am frühen Tag. Tief unten säumte die Marina ein Kranz von kleinen Städten mit Mauern und Mauertürmen aus Römerzeiten, hoch von altersgrauen Domen und Merowingerschlössern überragt. Dazwischen lagen die fetten Weiler, um deren Firsten Taubenschwärme kreisten, und die von Moos begrünten Mühlen, zu denen man im Herbst die Esel mit den Maltersäcken traben sah. Dann wieder Burgen, auf hohen Felsenspitzen eingenistet, und Klöster, um deren dunkle Mauerringe das Licht in Karpfenteichen wie in Spiegeln funkelte.

Friedrich Georg Jünger
Wanderungen um einen See

Der Spiegel des Bodensees ist die einzige ebene, bei Wind-
stille wie ein Tisch geglättete Fläche der Landschaft. Seine
Weite ist diejenige, die der Uferbewohner vor allem wahr-
nimmt. Denn eine andere Weite außer der des Himmelrau-
mes gibt es für ihn in der Landschaft nicht. Das Land steigt
überall an den Ufern an, hügelig und bergig, und der Blick
wird durch die Gebirge oder die übergrünten und bewalde-
ten Moränen begrenzt. Der See liegt im Kessel und hat nur
zwei Ausgänge, den Abfluß des Rheintals und das Fulachtal
bei Thaingen. Wer einen weiteren Einblick in das Land gewinnen will, der muß auf eine der Höhen über dem See steigen und hinabblicken. Die Seewände sind steil, besonders
am Nordostufer. Von oben ist zu sehen, daß die Halde, die flache Brandungsterrasse weiß gegen die dunklere Seetiefe ab-
sticht. Die flache Halde wird daher von den Seebewohnern
auch Wysse genannt. Wo die Wysse endet, dort sinkt der Fel-
sen oft steil in den See ab; an manchen Stellen hat er eine
Hohlkehle. Die Uferebene des Sees ist fast überall schmal
und nur im Schussental und Radolfzellertal breiter.

Auch der See zeigt nicht immer seine Weite. Aufsteigen-
der Dunst, ziehender Nebel und starke Verdunstung, die im
Sommer den Horizont weiß verhüllt, beschränken Wochen
und Monate hindurch den Blick. Auffallende Klarheit und
Durchsichtigkeit der Luft, das Näherrücken der Ufer ist in
der warmen Jahreszeit ein sicherer Vorbote schlechten Wet-
ters. Der Föhn, der von Südwesten hereinbricht, macht die
Luft glasklar. Ihm geht immer ein Gegenwind voraus, denn

die Luftmassen des Tals werden in die Höhe gerissen. Nach dem Gegenwind hört man das Brausen in den oberen Luftschichten, dann stürzt der trockene, warme Wind sturmartig ins Rheintal hinab. Bevor er den See erreicht, künden ihn sehr sichere Wetterzeichen an. Die Gebirge und Vorgebirge im Süden verhüllen sich mit gelben oder braunen Staubsäumen, schichtförmig gelagerte Wolken erscheinen an den Bergkuppen, die Brahme, ein weißlich grauer Nebel steigt auf, und eine rabenschwarze Wolke erscheint. Jetzt verändert sich auch die Wellung des Wassers, denn es scheint wie gebrochen durch spitze, schroffe Wellen. Dann bricht der Föhnsturm mit gewaltiger Kraft herein und bringt das Grundgewelle in Aufruhr, so daß haushohe Wogen sich bilden. Je schärfer das Gebirge hervortritt, desto deutlicher wird auch der Eindruck, daß es die Seelandschaft wie ein steinerner Riegel abschließt. Es nimmt ihr die Weite. Bei stark auffallender Beleuchtung gewinnt der Alpenzug etwas Plastisches, Körperliches, das die Vorstellung des Riegels verstärkt. Spürbar bleibt der Abschluß auch dann, wenn bei dunstigem Wetter nur ein Schatten und Hauch der Bergkonturen wahrnehmbar ist. Der See folgt den Gesetzen der Wiederkehr, und er tut es gemäß den Bedingungen, unter denen er steht. Solcher Bedingungen aber gibt es viele, so viele, daß keine Jahres- und Tageszeit der anderen gleicht. Eine unaufhörliche Veränderung des immer Bestehenden ein steter Wechsel im Gleichen findet statt. Der See steigt und sinkt. Er beginnt in der Zeit der Eis- und Schneeschmelze zu steigen, im Frühling und Sommer also, und er sinkt im Herbst und Winter. Zur Zeit der Schneeschmelze schwillt das Wasser manchmal plötzlich um drei bis vier Meter an. Fallen in der gleichen Zeit, in der vom Süden her brausend die Schmelzwasser kommen, lange und ergiebige Regen, dann kommt das

Wasser zu seinem höchsten Stand. Aber auch der Wasserverlust des Sees ist riesengroß, vor allem im Sommer, wenn bei langer Hitze und Trockenheit die Verdunstung ihm zusetzt.

Sonne, Regen und Schnee wirken auf den See ein, Wolken und Dunst. Ein tiefes, reines Blau zeigt das Wasser nur selten, nur dann, wenn die Sonne am wolkenlosen Himmel steht und die Verdunstung nicht trübend einwirkt. Wird die Verdunstung stärker, dann ist das Wasser auch bei wolkenlosem Himmel grün, und dieses Grün kann bis zum Leuchtenden gehen. Der See wird unter wolkigem Himmel grau und schwarz, zur Zeit der Sonnenaufgänge und -untergänge bunt, rosig, rosenholzfarben, taubenhalsblau. Niemand könnte alle diese Farben aufzählen. Die Sonnenaufgänge und -untergänge sind die buntesten, die es in Deutschland gibt; sie überraschen auch den immer wieder, der Jahre hindurch am Ufer gelebt hat. Dann kommen wieder Tage, insbesondere im Vorfrühling und Vorwinter, an denen bei einem Dunst, den das Licht stark durchdringt, alles perlmuttern wird, nicht nur das Wasser, sondern auch Ufer, Boote, Himmel und Bäume. Ein Medium ist hier immer die starke Luftfeuchtigkeit, und alle Erscheinungen der Transparenz sind deshalb ausgeprägt. Das unterscheidet den See von den bayerischen und österreichischen Seen, die härter und kühler sind und auch schwärzere Luft- und Wasserkonturen haben, aber auch von den oberitalienischen, an denen alle Formen trockener und schärfer hervortreten.

Die Wasserbewegung ist, insbesondere bei den Süd- und Westtürmen, die überwiegen, oft stark; hohe Schaumkronen laufen dann in der Windrichtung. Schlägt die Witterung plötzlich um, dann »fliegt« der See. Er ist dann zugleich dunkel und licht, schwarz und grün, der Schaum springt auf, und die Wellen überstürzen sich gegen die Ufer zu. Bei Föhnwind

strudelt er wie ein Schaumtopf. Ist er ganz still, dann überrascht manchmal die tiefe, grüne Spiegelung des Ufers, das
mit seinen Büschen und Röhrichtbeständen wie ein Moos-
achat aufleuchtet. Auch das »Blühen« des Sees ist bei stillem
Wasser am wahrnehmbarsten; es ziehen sich dann goldgelbe
Schlieren auf ihm hin, der Blütenstaub der blühenden Fich-
tenwälder, den die Strömung an den Ufern zusammenführt.
Auch die Nächte gleichen sich nicht. Bei hellem Mond und
bewegtem Wasser ist der See oft mit hüpfenden Glanzlich-
tern und winzigen Lichtbrechungen übersät. Ein schöner Anblick ist auch, wenn das Abbild von Jupiter und Venus sich
tanzend in ihm bewegt.

Arnold Stadler
Die Konzertmuschel

»Überlingen ist nicht mehr das, was es einmal war«, hatte
sich Gabi schon bei der Einfahrt Adrian gegenüber entschul-
digt, dem sie als Verliebte Rechenschaft schuldig zu sein
glaubte, wie für jede Panne im Leben, für jede Abträglichkeit
des Alltags, wie sie das bei mir ganz zu Beginn auch einmal
gehalten hatte. »Das Grandhotel ist auch nicht mehr das«
hatte sie ihm schon in der Halle zugeflüstert und sich an-
schließend bei der Zimmerbesichtigung bei ihm entschul-
digt, daß die Minibar (die es damals noch gar nicht gab) nur
über fünf verschiedene Whisky-Sorten verfügte, und dann
bei unserem Begrüßungsdrink, als Adrian eine Andeutung
von Gleichgültigkeit der Flasche Heidsieck gegenüber zeigte,
beim Anflug von Verächtlichkeit sogleich entschied: »Schüt-
ten wir ihn weg!« – Das Zimmer hatte nur ein Wasserbett,
war aber das alte geblieben, im Gegensatz zu mir und ihm.
Wir waren nicht die alten geblieben. Meine Frau hatte sich
wohl wieder einmal längst mit mir abgefunden, unbescha-
det der institutionalisierten Ehekrise. Sie mußte mich in
Kauf nehmen, damit sie Adrian haben konnte. Unserer Gesellschaft gegenüber und auch mir gegenüber, der, was seine
Frau angeht, immer nur auf Vermutungen angewiesen war.
Sie hat mir ja nie ins Gesicht gesagt, daß sie ihn liebt oder
nicht. Früher wollte ich das noch wissen. Ich wollte das eigentlich mein Leben lang wissen, habe aber nicht mehr danach
gefragt. Nie mehr habe ich einem Menschen eine der dümm-
sten und dringendsten Fragen gestellt, die es gibt auf der Welt,
also nie mehr gefragt: »Liebst du mich?« – Ich habe auch

meiner Frau einmal ganz am Anfang, als sie mich gewiß noch liebte, als darüber nicht der geringste Zweifel bestehen konnte und die Lieblosigkeit Lichtjahre von uns entfernt war, diese Frage gestellt: »Liebst du mich?« – Und sie hat dann, von heute aus gedacht, eine subtile, gleichzeitig geistreiche, ja, unerwartet wahre Antwort gefunden: »Bevor du mich gefragt hast, wußte ich es noch.« Ich war gerührt über so viel historische Präsenz. Der Satz erinnerte an die »Confessiones« des Augustinus. Aber vielleicht hat sie ihn, diesen Satz, auch nur in einem Lieblingsfilmdialog aufgeschnappt, und ebenso zu mir und dann zum Fenster hinausgeschaut, wie im Film, irgendwohin in die Ferne.

Sie hatte sich also längst wieder einmal wieder mit mir abgefunden, also schlug ich noch einen kleinen Abendspaziergang zu dritt bis zur Konzertmuschel vor. Nicht der an sich belanglosen Konzertmuschel wegen, wenn sich auch noch mit dem kleinsten Detail unserer Liebe Erinnerungen verbanden, so war die an sich unbedeutende Konzertmuschel, die als eine der schönsten von ganz Europa galt, Auslöserin von Erinnerung.

»Armes Überlingen!« sagte Gabi, auch um sich bei Adrian zu entschuldigen. Wir mußten ihm Überlingen, von dem wir so viel gesprochen hatten, irgendwie erklären und standen nun vor einem Rätsel wie vor einem Freund, den man gepriesen hat, den man nicht mehr kannte und der nun vor einem steht wie eine Vogelscheuche, mit der man Mitleid hat.

Adrian ging gelangweilt neben uns her. »Armes Überlingen!« Gabi meinte nun wohl die Pauschaltouristen. »Alle mit der DB angereist«. – Hat Überlingen einen Bahnhof? fragte er. Wir waren noch nicht beim Kiosk von Ernst Jüngers Schwägerin angekommen, als Adrian ausscherte und sich auf unbestimmte Zeit von uns absetzte. Er sagte, er wolle ins Hotel zurückgehen. Schon nach fünf Minuten sagte Gabi, sie habe Angst. Es könnte ihm etwas passiert sein. Ich hatte dieselbe Angst, sagte es aber nicht.

Wir gingen doch noch weiter. Es war kein einziger Gast aus dem Ausland darunter, auffallend viele ältere alleinreisende Damen aus Norddeutschland, die mir leid taten, denen ich aber auch nicht helfen konnte. Ein Publikum, das anscheinend auf gar nichts mehr wartete, eine typisch norddeutsche Bescheidung und Verdrossenheit. »Überlingen ist wieder mal ein Fehler«, dachte ich, als ich all dies sah. Der See war freilich so wie immer. Wir näherten uns nun der Konzertmuschel. Der Schautafel im Kurpark hatte ich entnommen, daß bis zum Ende der Saison eine internationale Formation aus Preßburg die beliebten Serenadenkonzerte bestreite. Gabi ereiferte sich derweilen über die Schönheit der Überlinger Konzertmuschel, stellte internationale Vergleiche an und, ich weiß schon, sie wollte mit mir nun einen Streit anfangen, allein deshalb, weil hier alles begonnen hatte und weil Adrian jetzt weg war. Sie hat aus Angst einen Streit mit mir anfangen wollen, aber auch, weil er weg war und ich hier war und wir in Überlingen gelandet waren, einem im Grunde furchtbaren, wenn auch nicht furchterregenden Ort im südlichsten Deutschland, in Sichtweite der Schweizer Grenze. Die Konzertmuschel an der Promenade in Sylt sei die schönste, die sie gesehen habe. – Dann kennst du Bückeburg, Pyrmont und Bocklet nicht, von Baden-Baden ganz zu schweigen. – Ach, das Orchester aus Preßburg saß schon in der Muschel, und das entsprechende Publikum zupfte sich erwartungsvoll auf fünfzehn mager besetzten Reihen verteilt zurecht. »Selbst schuld!« – Sollen wir uns dazusetzen? Und wir setzten uns in die hinterste Reihe. Bald hörten wir die energisch dirigierte Ouvertüre zum Zigeunerbaron, mit dem auch Carlos Kleiber sein Neujahrskonzert begonnen hatte. Wir waren wegen Kleiber nach Wien geflogen. Wir reisten hinter Kleiber hinterher, das war möglich, weil er pro Jahr nur dreimal dirigierte, davon zweimal den Zigeunerbaron und einmal die Fledermaus. Dazu kam jedes dritte Jahr Tristan und Isolde. Obwohl wir, was den Zigeunerbaron angeht, doch verwöhnt waren, nickten wir uns zu, die Preßburger hatten sich ganz passabel geschlagen. Dann aber kam das kurze Grußwort des Kurdirektors, das uns beide derart hinabzog, daß wir aufstanden und zu einem der naheliegenden Promenadenbänkchen gingen, zu dem die Musik aus Preßburg hinüberwehte, so daß man noch zuhören, aber auch weghören konnte. Meine Frau hatte sich nun wieder gefangen, schaute auf den See hinaus, ich kannte dieses Hinausschauen, so, als ob sie wieder einmal auf der Südseite ihres Lebens angekommen wäre. Dieser dankbare Feierabend- und Freizeitblick Gabis, wie aufs Meer hinaus, irgendwie verehrend, von unten nach oben schaute sie in einem 45-Grad-Winkel in die Welt und schloß die Augen dabei.

Eine Reise im Ballon und Obstbäume in voller Blüte

Von Immenstad über Friedrichshafen nach Lindau und Bregenz

Hanspeter Wieland
Kurgäscht, Epfel und Dornjeh

In der Schulstube im Oberen Linzgau erschien Immenstaad auf der selbstgezeichneten und von der Lehrerin mit viel Lob bedachten Heimatkarte als anmutiger roter Punkt. Der Grund war grün, das Wasser blau wie der See, daran der Punkt lag, am Ufer und doch *mittendrin,* an seinem Rand und doch gar nicht am Rande: früheste Begegnung mit einer Topographie, die man zwanzig Jahre später als *am Herzen des Bodensees* gelegen kennenlernen wird, zugleich eine erste Annäherung.

Sie begann für den nachzeichnenden Finger in der Gegend, die man – nomen est omen – den Ursprung nennt. Dort, zwischen Höchsten und Heiligenberg, war beim Landkartenmalen ja der Buntstiftwechsel gewesen. Von Pfullendorf kommend hatte sich allein das Braune im Einsatz befinden müssen, nicht sonderlich geschätztes Höhenbraun. Je höher, desto brauner. Nun aber erstmals Grün: der Ursprung, sein Ursprung. Ein verhaltenes zwar, nicht üppig und lange noch zu beiden Seiten von mächtigen Höhenlinien begleitet, mäanderte es dann aber gehörig in die Weite des unlinierten Schulheftes hinaus, dieses Grün, die Aache hatte es flugs in die Mitte genommen, wurde breiter und breiter, umging schließlich noch geschwind den Gehrenberg, der jetzt schon als eine braune Insel inmitten eines solchen Meeres von Grün lag, daß selbst das Aachflüßlein an dieser Stelle getrost über den Heftrand hinauslaufen durfte, noch ehe es an den Ort seiner Bestimmung gelangt war, es grünte auch ohne es immer grüner, und schließlich, mit satten Gelbbeimengun-

gen, dem großen Wasser zu, stand es wie eine Löwenzahn-
wiese im Monat Mai.

Solches Idyll blieb auch dann ungestört, als den Exkursio-
nen mit dem Finger auf der Landkarte jene mit dem Fahrrad
folgten. In einer Zeit, in der Mobilität noch in zwiefacher
Hinsicht ein Fremdwort war, zeitigten Vorstöße zum Seege-
stade hinunter nachhaltigste Wirkungen: Lief das Rädchen
erst einmal fast von alleine – denn immer ging es an den Morgen solch schöner Tage den »Buckel« hinunter – war das
Land, in dem die Magnolien blühen, auch schon erreicht Ein
vorweggenommenes Italien. Die Riviera, wenn auch »nur«
die deutsche. Das hatte durchaus nicht nur scherzhaften oder
gar nostalgischen Klang wie später, vor dem Allgemeingut
werdenden Hintergrund der Rivieren der Welt. Es *war* Süd-
landfahrt, spätestens, wenn man abends wieder hinaufschie-
ben mußte; noch die letzte Hütte an der Steige schien einem
dann schöner als das ansehnliche Haus in der Stadt dort oben.
Die Steigen machten ja überhaupt sinnfällig, wie groß der
Unterschied in der Landschaft ist, die doch denselben Namen trägt, Linzgau, wie ausgeprägt das nordsüdliche Gefäl-
le, der Vegetationswandel am Heiligenberg zum Beispiel oder
weiter westlich überm »Ahäusle« gegen Katzensteig hin.
Auch, ob man übern »Räuberwinkel« nach Taisersdorf hin-
aufschob oder erst einmal hinuntersauste nach Owingen –
es gab ja das Vergnügen sympathischerweise vor der Arbeit –
das Nord-Süd-Erlebnis war stets aufs neue faszinierend und
erreichte ebenso regelmäßig seinen Höhepunkt, der zugleich
die Umkehr war, am See.

Einmal dort angekommen aber galt es bescheiden zu sein.
Gondelefahrten, so beliebt sie auch waren, gehörten zum
Luxus. Vesper nahm man von zu Haus mit, denn der Durst,
den es am See reichlich gab, kam einen auch damals schon

teurer zu stehen als dreißig Kilometer nördlich davon. Was
die Reisekasse aber unbedingt hergeben mußte, das waren
die Mittel für das »Souvenir«. Keine Unternehmung ohne
ein Souvenir! Als preiswert und unter Radlern beliebt galten die Abziehbildchen, empfindliche Gebilde, hauchdünn.
Das Wort »abziehen« paßte eigentlich gar nicht zu ihnen.
Man schob sie vielmehr, nachdem sie ins Wasser getunkt
worden waren, über ihre sich daraufhin lösende papierene
Unterseite hinweg. In diesem Augenblick konnte man nicht
behutsam genug sein, wenn das Ufer beim See und die Kirche im Dorf bleiben sollte.

Die Bildchen gab es nahezu von jedem Ort. Schutzblech
und Stange bezeugten es in bunter Vielfalt. So protzte das
als mondän empfundene Überlingen natürlich mit seiner Ma-
gnolienblüte. Über Immenstaad aber schwamm groß und
weiß der Säntis auf dem blauen See – und klein und weiß,
hinter Sankt Jodokus, gab's Segler. Die Ansicht läßt sich
auch heute noch finden. Von der Landstraße her, beispielswei-
se aus Kippenhausen kommend: der See und das Alpstein-
Gebirge, die Obstbäume vor dem Dorf in voller *Bluescht*.

Aber ein *Umenandgundele* ist das, Jahrzehnte später, längst
nicht mehr. Die Anlässe haben sich geändert, die Motive
sind andere geworden; es scheint, als wisse man zuviel, könne mehr und besser hinter die Dinge schauen, auch hinter
die schönen Bilder. Und so ist das Unterwegssein immer weniger geworden und das Ankommen immer mehr. Bei jeder
Ankunft aber stirbt ein Bild. Wohl gerade dann, wenn einer
»gut ankommen« will, und wer möchte das irgendwann nicht?
Zum Beispiel in Immenstaad. Richtest dich aus dort und
richtest dich ein, und dann? Wenn einer also dann, nach Jahren, sein schönstes Zuhause hätte, ein Heim, und eine Arbeit, die ihn zufrieden machte – wer wollte das schelten?

Der würde das Glück selber schelten, anstatt den Glücklichen glücklich zu preisen. Und der Glücklichen gibt ja es viele in Immenstaad.

Hermann Hesse
Spazierfahrt in der Luft

Man wird älter, und der Kreis dessen, was man von außen an Bereicherung, Freude und neuen Vergnügungen erwartet, zieht sich enger zusammen. Zu den Freuden und neuen Erfahrungen, auf die ich mich seit Jahren freute und von denen ich mir besonders starke und schöne Eindrücke versprach, gehörte das Fahren in einem Luftschiff. Und nun liegt auch diese Erfahrung und Freude, die ich noch fern glaubte, schon hinter mir und ist Vergangenheit geworden.

Ich saß bei Büchern und studierte Sprachen für meine nächste Reise, als dieser Tage der Postbote einen Brief aus Friedrichshafen brachte, der mich zu einer Fahrt im neuen Luftschiff »Schwaben« einlud. Der Brief war lange unterwegs gewesen, und wäre er zwanzig Minuten später gekommen, so hätte ich seiner Einladung nicht mehr folgen können, denn das Luftschiff sollte nur noch den nächsten Tag am See bleiben, und in einer halben Stunde ging das letzte Schiff, mit dem ich Friedrichshafen noch erreichen konnte.

Ich segnete die Post, die täglich so viel Unnützes bringt und nun auch einmal im Guten sich bewährte, und bei brennender Hitze eilte ich, wie ich war, sofort zum Dampfschiff, erreichte in Konstanz den letzten Anschluß und fuhr an Meersburg und den schönen abendlichen Ufern vorüber durch die lange Dämmerung nach Friedrichshafen. Im ersten besten kleinen Gasthof bekam ich ein ordentliches und wohlfeiles Zimmer und war dadurch angenehm enttäuscht, denn man hatte mir erzählt, Friedrichshafen sei neuerdings unheimlich elegant und teuer geworden. Bald darauf, beim nächtlichen Schlendern durch das kleine alte Städtchen, sah ich nun allerdings an Neubauten und zweifelhaften Verschönerungen, daß immerhin ein bißchen Wahrheit in jenen Berichten gewesen war. Auch war großer Abendbetrieb in den Hotelgärten, und beim Kurhause ging es mit Militärmusik und Gesellschaft großartig her. Der alte Graf hatte eine große Offiziersgesellschaft eingeladen, und es war nicht leicht und kostete mehr als eine Stunde und mehr als ein Trinkgeld, bis es mir möglich wurde, jemand von der Zeppelingesellschaft zu finden und zu erfahren, ob und wann das Luftschiff morgen fahren werde. Dann hatte ich meinen Bescheid, zog mich zurück und sah im stillen noch eine Weile mit Vergnügen dem farbigfrohen Gartenleben zu. . . .

Als ich indessen am nächsten Sonntagmorgen, nach Möglichkeit gebürstet und geglättet, auf der in aller Frühe schon heißen Fahrstraße zur Ballonhalle hinauswanderte, schnurrte über mir schon prächtig das Riesenspielzeug dahin, von seiner ersten Frühfahrt zurückkehrend, und es war ein merkwürdig erregender Anblick, auf dem weiten, mit sonntäglichen Gästen erfüllten Felde das Ungeheuer niedersinken und endlich gefesselt zu sehen.

Es dauerte nicht lange, so konnten wir einsteigen, eine bequeme kleine Holztreppe hinan, und merkwürdigerweise war dabei gar kein neues und fremdes Gefühl, weder Erregung noch Bangen, sondern es war die einfachste und vergnüglichste Sache von der Welt, da einzusteigen und in der eleganten, luftigen Kabine auf den behaglichen Rohrstühlen Platz zu nehmen, wo man saß wie in einem sehr bequemen Speise- oder Aussichtswagen. Die Arbeiter waren emsig an den Seilen beschäftigt, die vielen Zuschauer drängten sich neugierig um das Schiff, Touristen mit Gemsbärten am Hut und sonntägliche Radfahrer betrachteten sich das Ereignis, und wir Passagiere saßen stolz und kühl in unsrer Kabine. Die Sonne brannte freudig auf den dürren Rasen und flimmerte auf dem weiten See, gerade vor mir standen zwei Offiziere, die die letzte Fahrt mitgemacht hatten, und ihre Epauletten blitzten in der Sonne.

Aber plötzlich stieg das Schiff empor, und die beiden Offiziere wurden klein und begannen merkwürdig auszusehen, am Ende sah ich von ihnen nichts mehr als die runde Oberfläche der Mützen, die blanken Achselstücke und darunter die Spitzen der Schuhe, und als ich rasch aufstehend mich über die Brüstung beugte, entwich unter uns die Erde und ich hatte vom ersten Augenblick an nicht mehr das Gefühl, etwas mit ihr zu tun zu haben und zu ihr zu gehören. Die Menschenmenge wurde klein und komisch, die Stadt Friedrichshafen wurde erstaunlich übersichtlich und niedlich, auch die riesige Ballonhalle sank zu einem belanglosen Fleck zusammen. Dafür aber ging uns das Reich der Lüfte auf, und die Welt wurde erstaunlich groß und weit, wir sahen nahe und ferne Städte still um den See stehen, der auch an Größe verlor und die großen Zusammenhänge der Landschaft, die Formen der Ufer, das Niedersinken der Berge von den Arlberger und Graubündner Alpen über die Vorberge und Uferhügel hinweg wurden klar, der Rhein war keine Vedute mehr, sondern in seiner Größe, Bedeutung und Geschichte zu übersehen weit hinauf, und bis zur Mauer der hohen Gebirge hin ordnete sich und klärte sich die mir seit Jahren wohlvertraute Gegend so überraschend und einfach, wie manchmal einem Studierenden nach langer Kleinarbeit ganz plötzlich Gefüge und Zusammenhang der Dinge sichtbar wird.

Wir flogen mit einer Schnelligkeit, die wir nur am eilig dahinrasenden Schatten des Luftschiffes annähernd schätzen konnten, über den See gegen Bregenz hin, über Wasserburg, Bad Schachen und Lindau weg, und waren plötzlich schon in Bregenz. In der Kabine war trotz der weiten, nicht verglasten Fenster kaum eine Spur von Luftzug zu bemerken, sobald man indessen Kopf oder Hände aus dem Fenster steckte, brauste die Luft wie ein Sturmwind vorüber. Unter uns wich nun der See, mit seichtem, wildem Binsenufer und sumpfigen Öden, und wir fuhren über Land, sahen Dächer und Höfe, Menschen und Tiere in wunderlicher Verkürzung, an die sich doch das Auge seltsam rasch gewöhnte, und hörten und sahen die Begrüßungen, mit denen überall das sonntägliche Volk seine Neugierde, Freude und Verwunderung kundgab. Mir fiel auf (obwohl bei einer solchen ersten Fahrt kaum eine Beobachtung aufkommt, nur wohliges Dahinschweben und rechenschaftslose Reiselust), mir fiel auf, wie alle Tiere ohne Ausnahme auf das Luftschiff reagierten, und alle mit Schrecken und Furcht. Ein Feldhase rannte in wahnsinniger Angst davon, einerlei wohin, und beschrieb die seltsamsten Kurven und Ovale, bis er sich in einem Bohnengarten verkroch. Die Vögel, auch die Habichte, flohen ebenfalls geängstigt davon, die Hunde bellten wütend oder zogen die Schwänze ein, und die Hühner waren ganz außer sich. Wir in der Kabine fanden uns vom Lärm der Maschine gar nicht belästigt, hie und da bei seitlichem Wind ein flüchtiger Benzingasgeruch war alles, von Vibration kaum eine leise Spur.

Und während unsre Propeller schnurrten, fuhren wir durch das sonnige Rheintal hinauf, der Kamor und der Hohe Kasten und viele andre vertraute Berge standen mächtig im strahlenden Licht. Während unten im fruchtbaren Stromtal die Sonne glühend auf die Reben brannte, flogen wir kühl und gelassen in der Höhe dahin, blickten senkrecht in den Rhein, in Dörfer, Klöster, Städtchen hinab, schauten seitwärts in kühle grüne Waldtäler und steile, enge Felstäler hinein und fuhren in kaum einer Stunde bis über Feldkirch hinaus. In Feldkirch standen die alten Häuser mit den Lauben seltsam verkürzt, den schönen, alten Festungsturm sah ich so direkt von oben, daß nur das runde, braune Dach wie ein Teller zu sehen war, und eine kleine Kapelle auf einem Hügel im Felde war so in der Perspektive verkürzt, daß ich ihre Form nur an dem großen Schatten erkennen konnte, der lang und spitz wie der Zeigerschatten einer Sonnenuhr neben ihr lag.

Wenn der Deutsche sich sehr erhoben fühlt, so trinkt er Sekt, und Sekt war auch im Luftschiff zu haben und wurde hübsch und nett serviert, und er war auch sehr gut, aber ich fand diese Beigabe doch als das einzige Stillose und Entbehrliche an der Fahrt.

Die Rückfahrt ging noch rascher, mit drei Motoren, und es war mir und uns allen viel zu früh, als wir nach zwei Stunden wieder über die Halle schwebten und vom Ameisengewimmel der Arbeiter empfangen wurden, die die ausgeworfenen Seile fingen und festhielten. Dabei flogen wir dicht über den Wipfeln eines Föhrenwäldchens hin und scheuchten noch einen Bussard auf.

Ich verstehe nichts von der Technik, und ich weiß nicht, wie weit es Graf Zeppelin noch bringen wird. Ich schließe die Augen und fühle wieder das schwebend leichte, weiche Reisen durch die Luft, ich genieße wieder den Anblick der weit erschlossenen Landschaft und das Gefühl des Draußenseins aus allen irdischen Kleinigkeiten; und ich weiß gewiß: sobald ich wieder Gelegenheit finden werde, zu fliegen, werde ich es mit tausend Freuden tun.

Martin Walser
Von Wasserburg an

Alle Menschen sind am 24. März 1927 in Wasserburg am Bodensee geboren. Das ist länger her als die Jahreszahlenrech-
nung vermuten läßt. ›Damals‹, das ist inzwischen ein Wort,
so gewaltig wie ein Pfahl, den man hier in die Erde treibt,
damit er bei Neuseeland wieder an die Sonne komme. Manche versuchen jetzt herauszubringen, ob der 24. ein Sonntag
oder Freitag war und wie die Sterne standen. Andere durch-
blättern Kirchenbücher nach den Fluglinien und Kriechspu-
ren der Vorfahren. Fast alle werden, je weiter der 24. März
1927 im Zeitenmoor versinkt, desto eifrigere Historiker. Alle
Menschen wollen offenbar zurück. Oder sie wollen wenigstens jetzt nicht mehr weiter. Sie möchten endlich bremsen.
Sie möchten sich des 24. versichern. Sie haben noch eine Ahnung, wie das war in dieser Bahnhofwirtschaft, die dem Bahnhof gegenüber steht, aber sich durch ein paar Ziegelsteinge-
simse zu seiner gänzlichen Ziegelsteinhaftigkeit bekennt.
Man kann sich schwer wehren gegen diesen rötlichen Bahnhof, der ja der Bahnhof aller Bahnhöfe ist. Schließlich hat
die Menschheit mit Kreidebrocken, die nicht aus Schreibwa-
rengeschäften stammten, auf seinen Ziegelsteinrechtecken
gelernt, sich auszudrücken. Und wenn dann der Vorstand
kam! Gott mußte in der ersten Religionsstunde nur noch
in dessen Reichsbahnuniform schlüpfen und hatte gewon-
nen. Für immer makellos, das Mützenrot, der Bärtchenglanz,
das Rot und Grün der Blechscheibe am hölzernen Stil. Mit
dieser Kelle konnte man Josef freie Fahrt nach Ägypten und
Petrus Halt im Pilatushof signalisieren ...

Die Bahninteressenten kehren nicht mehr zurück, das ist klar. Sie sind verloren. Man denke nur an die Anziehungs- und Fassungskraft der höherstehenden und aus ebenso schönen Ziegeln erbauten Güterhalle, an ihre kirchenhaften West- fenster, an die für Barfußsohlen spreißelspreizenden hölzer- nen Rampen, an den Geruch von allen Gütern, an den Verkehr mit der Welt. Da ich zwar auch im Eisenbahnwesen des Jah- res 27 untergehen möchte, aber nicht darf, trenne ich mich von denen, die bei den Grafikrätseln der Frachtbriefe und den werktäglichen, aber stolz schnaufenden Lokomotiven untergehen. Wo einer auf diesen Vergangenheitsboden tritt, ist er verloren. Er versinkt wirklich. Kommt nie mehr zu- rück. Das liegt einfach an der Tiefe des Bahnhofwirtschafts- wesens in Wasserburg am Bodensee um das Jahr 1927. Selbst wenn die Gemeinde nur 600 oder 800 Einwohner gezählt ha- ben mag und von denen nur 150 in die Wirtschaft gekom- men sind, waren es in Wirklichkeit doch Tausende und Aber- tausende, weil doch im Lauf der Jahre jeder hunderte von Malen eintrat und auftrat und jedes Mal als ein anderer. Eine schon wieder ins Unendliche tendierende Multiplikation. Und die Fremden! Die gabs ja auch. Die mußten doch den Einheimischen sagen, daß das Dorf am Bodensee liege und daß das nicht nur für Fischer und für den Friedhof günstig sei. Was taten sie noch? Die ließen auf gerade aufgeschnit- tene Semmeln, die sie mit der von der Bäckerwärme sich auf- lösen wollenden Butter bestrichen hatten, Honig triefen; durch die Morgensonne ließen sie den triefen; Morgenson- nenhonig ließ der Fremde damals auf bäckernestwarme, also butterschmelzende Semmeln triefen, dann biß er hinein.

Er saß ja auf der blechgedeckten Terrasse; in der Terrassen- mauer hatte der alles bauende Großvater, damit es leicht und luftig bleibe, jeden zweiten Ziegelstein weggelassen; aber die

Geranien strudelten dicht und wild aus ihren Kästen auf dieser halbhohen Mauer. Damit könnten sich die, die sich noch nicht an den Bahnhof und nicht an die Fremden plus Honigsemmeln verloren haben, an die Geranienkästen verlieren. Wer da einsteigt, kommt im Herbst unweigerlich in den Keller, wo die Geranien auf Gestellen überwintern, wo es friedhofhaft riecht, wo der Kartoffelkeller mit weißen Trieben, der Weinkeller mit feurigen Düften benachbart ist. Dort gibt es zum Verlorengehen auch noch den Obstkeller. Den Eiskeller, in dem die Schweinehälften senkrecht hingen und breit die Brust des Kalbs und als Ketten die Würste. Und die Waschküche. In der wird geschlachtet. Für immer. Aber alle, die sich über drei Stufen hinausretten in den Hof, sind in Gefahr im nur zu ertastenden Dunkeltum von Remise, Schopf oder Stall zu verschwinden; da soll es ruhig nach gequälter Katze riechen, nach betasteten Mädchen, Kohle, gemischtem Kinderurin. Oder ist es besser, den Apfelbäumen zu verfallen, dem Birnenspalier, der Traubenwand, den hohen Stößen aus Holz? Eine Holzhandlung gehörte doch auch dazu. Und die Kohlenhandlung. Auch mit Fetten war ein glückloser Handel versucht worden. Angorahasen sollten verkäufliche Wolle bringen. Silberfüchse waren vorgesehen. Der Nachbar probierte Biber. Nein, die unglückliche Ökonomie dieser Jahre ist fast das Attraktivste. Weg davon. Wohin? Zum Nachbar Schuhmacher? Aber zu welchem, wenn zwei Schuhmacher ihre Lederdüfte und Sohlgeräusche von Ost und Südwest hersenden? Oder gleich zum Schreiner, der, bevor er mit einem sprechen konnte, seine irrsinnigen Maschinen zum Schweigen bringen und, um die Augen richtig öffnen zu können, das Sägmehl aus der Luft wischen mußte.

Er soll weder Maschinen abstellen, noch Sägmehl aus der Luft wischen. Wenn zu der unendlichen Gegenständlichkeit

auch noch die Zeit ihre Macht andeuten dürfte, gibt es gar
keine Rettung mehr. Dann wäre nicht mehr zu verschwei-
gen, daß zum Anwesen an der Terrassenecke, die höchste
Fahnenstange des Dorfes gehörte, bestimmt dafür, ortsfrem-
de, aber weiß-blau durchgesetzte Belange zu feiern; aber
dann wurde, weil ein noch fremdes Vaterland uns rekrutiert
hatte und weil vor dem Bahnhof Platz war für die Aufstel-
lung von Marschkolonnen und weil nach der Auflösung derselben ein Bier erwünscht sein konnte, deshalb wurde zur
Attraktion von Durstigen also auch die schwarzweißrote
Fahne und dann auch noch die schwarzweißrote plus Haken-
kreuzkreis gehißt. Da begänne die Handlung. Ich lasse die
Kolonnen des Kriegervereins, Gesangvereins, Musikvereins,
der Marine-SA unformiert. Die Fahnen bleiben unentfal-
tet in der Wirtschaft, wo sie werktags bei den Pokalen ver-
dämmern. Wir waren der Tummelplatz jeder Geschichte.
Wir haben keine ausgelassen. Hier würden sich Wege tren-
nen und jeder würde zum Entsetzlichen führen. Ein Krieg
begänne. Ein Dorf würde überleben, um dann in der Neu-
bauzeit unterzugehen. Alle 1927 in Wasserburg Geborenen
bzw. alle Geborenen bzw. alle verlieren Wasserburg. Es ist
nicht zu retten. So wenig wie die Menschen selbst. Als wir
alle noch in jenem Wasserburg lebten, wußten wir nicht,
was das einmal für uns bedeuten würde. Von heute aus gesehen, bewegten wir uns ›damals‹ wie im Traum, wie auf der
Bühne, wie im Roman. Dann kam der Auszug. Wir glaub-
ten, Wasserburg verlassen zu können. Die Gegenwart wink-
te uns. Der Dialog wurde geübt. Die Behauptung geprobt.
Die Verwirklichung von etwas, das wir selbst nicht kannten,
aber durch die Verwirklichung kennenlernen wollten: das
sogenannte Selbst. Kannst du dazu auch noch Geld verdienen?
Alles wurde mit allem in Einklang gebracht. Und es wurde

drauflosgelebt. Menschenfresser gab es nicht mehr, nur noch Anpassungsmeister: Professoren, Ärzte, Schriftsteller, Unternehmer, Pfarrer und Politiker, die dich bildeten für ihre Gegenwart. Du hast alles nachgemacht und den jeweils üblichen Preis bezahlt. Bis du merkst, was du tust, hast du es getan. Bis du merkst, daß die Korrektur einen neuen Irrtum installiert, ist der schon installiert. Bis du merkst, daß es zu spät ist, ist es zu spät. Was hast du getan? Zu wenig. Und das Wenige zu schnell. Das ist eben so. Ist das so? Bleibt das so? Du mußt alles noch einmal durchnehmen, Mensch. Von Wasserburg an. Jetzt ist alles Stoff. Von Wasserburg an. Jetzt, nachdem nichts mehr Leben und alles Stoff ist, kann man vielleicht endlich was anfangen damit. Von Wasserburg an.

René Schickele
Lindau im See

Ich habe Lindau zuerst vom Hoyerberg gesehen. Behütet von den ausgestreckten Bergen zu beiden Seiten des Rheintals schwimmt es angekettet im Wasser. Lichte Berge! Gefleckt wie ein Fell. Wald und Wiese wechseln ab, um dem Licht tausend Lichthöfe zu eröffnen. Welch großartige Parkanlage für den Himmel vor dem aufgerollten See!

Ein weitläufiges Lustschloß, rundet sich die Insel Lindau und steht gebadet von der hohen, silbernen Luft des Rheintals. Lichtfülle, gestaut bergehoch, lehnt über die geometrische Fläche der kanalisierten Flußmündung: auf die kleine Insel gerichtet. Die Alpen scheinen ihr Schneelicht herabzuwälzen, einen flüssigeren Strom aus dem Urgebirge über dem andern. Auf den Uferhöhen, in zahllosen Waldlichtungen, blasen die menschengewohnten Schalmeien.

Die Alpen kommen und gehen, mit unendlich langsamen Bewegungen: Sagen von Riesen und Göttern.

Am Ende der Hafenmole versucht ein steinerner Löwe, sich mit seinem Gegenüber, den Alpen, anzubiedern. Das Hinterteil ist breitgequetscht von den Bemühungen seiner gewichtigen Eitelkeit, in der großmäuligen Grimasse steht die Verzweiflung. Nie ist ein bevorstehender Schlagfluß überzeugender in Stein gemeißelt worden.

Der Bürgermeister von Lindau, ich habe gefragt, weiß nichts von diesem Albdruck seiner Stadt. Die Kapitäne der Dampfer ahnen nicht, welche Tragödie sie streifen. Aber die Dienstmänner am Landungssteg und die Zollbeamten sind eingeweiht. Sie sind bereits mobilisiert als Leichenbitter ihres großen Tieres. Wenn sie dir den Koffer abnehmen, sehen sie dich an, als wollten sie sagen: »Armer Herr, Sie wissen nicht, daß sie zu einem Leichenbegängnis kommen.«

Ich habe zweiundzwanzig Häuser gezählt, in denen ich bis dahin wohnen möchte. Steile, schmale, wo das Leben ein langsam auf- und niederschwebender Lift wäre: von der gepflasterten Straße mit den niederen Läden, an Erkern und geschnitzten Fenstern vorbei zu den Dächern voll alt abgetönten Wohlklangs zum See, der hinter ihnen, blau ausatmend, sich zum Meere öffnet. Langgestreckte, wo die Zimmer ohne Überhebung einander gelten lassen, eins immer neben dem andern, wie die Stunden eines ordentlich eingeteilten Tages, eben und gleichmäßig ausgefüllt. Ein Eckhaus an einem öden Platz, niedrig, mit einer winzigen Säulenhalle davor und zwei rückwärts geschweiften Flügeln, ein Traum von Griechenland mitten im Barock, hellgelb in der stumpffarbenen Umgebung: wer anders könnte hier umgehen mit den kleinen Schritten eines gezähmten Vogels als eine glücklichere Schwester der Mignon, Peregrina und Aissé?

Sie hätte es gut, hier. Es gibt eine adrette Konditorei, aus einem Londoner Hotel überführt ohne Sprung und Schramme und in ein altes Haus eingebaut, auf der Terrasse des »Bayrischen Hofes« kann man an Sommerabenden feierlich vertraut zur Tafel sitzen wie im Pavillon d'Armenonville, über Frühstück und Mittagsschlaf fährt man nach München, der Bodensee erinnert an alle Meere – was brauchen wir mehr?!

Die ganze Nacht hat, im Zweistundentakt, die Brandung geschlagen.

Karl Valentin
Inflation und Gewitter

Sturmgebraus am Bodensee. – Inflation 1921. Es schneite in Deutschland Millionen, Billionen, Trillionen, es war nicht mehr zum Aushalten, das Geld, das man Vormittags verdient hatte, hatte Nachmittags seinen Wert verloren. – Auf in die Schweiz – nach Zürich, Engagement in einem Kabarett, täglich 100,– Franken. Aber die Reise, ich war des Reisens schon müde, vor der Abreise, denn ich scheute die Reisestrapazen. Aber die Franken waren verlockend. – Also fort – nach Lindau, Wetter schön. Ankunft in Lindau – Wetter Sodom und Ghomorra, nur der Schwefelregen fehlte noch, sonst war alles da, Wolkenbruch, Sturm und Taifun, – Art, Blitze, Donner etc. Der Gang über den Dampfschiffsteg spottete jeder Beschreibung, deshalb schreibe ich auch nichts darüber, denn dafür ist das Bild da. – Glücklich auf dem Dampfer gelandet Blitze einer nach dem andern, der ganze Bodensee blitzte alle 2-3 Sekunden blau auf, andauerndes Krachen des Donners als wäre es Donnerstag, es war aber Freitag. Wir frugen in dem Schiff einen Herrn, der im Rauchzimmer in einer Ecke saß: Gestatten sie eine Frage, fährt das Schiff bei diesem Sturm ab? Ich könnte nicht sagen, meint der, es ist fast unmöglich, ich fahre schon seit 4 Jahren alle Wochen zweimal über den See, aber so etwas wie heute, habe ich noch nicht gesehen. – Die Matrosen warnten die Passagiere, sich nicht zu nahe an die Maschinen zu stellen, wegen der Blitzgefahr. – Die Sirene heulte – er fährt doch? Der Dampfer schwankte, und alles was auf dem Schiff Beine hatte – lag auf dem Bauch. Wozu denn Beine? Aus dem Dampfer ist eine

Nussschale geworden, so ging es 1 ½ Stunden. Ein Münchner Schauspieler Namens Scharwenka war auch unter den Passagieren, er kannte mich und meinte zur Sache: Ich hab schon zwei große Ozeanfahrten hinter mir, aber so etwas habe ich noch nie erlebt. Haushohe Wellen, ein Matrose, der mich von München her kannte und der es nicht mehr mitansehen konnte wie ich am Geländer hing, nahm mich und die Lisl Karlstadt und zog uns am Geländer entlang, zu des Schiffes Spitze, aber dort angekommen, war es noch schlimmer, denn da gings wie in einem Lift auf und ab – schnell wieder zurück, es gab nur ein Losungswort, Ausharren bis Romanshorn. – Blaß wie eine Kernseife entstiegen wir heil der großen Schiffsschaukel, es war 1921 am Tage Maria Himmelfahrt, ich änderte es um in »Valentin – Karlstadts Bodenseefahrt«.

Horst Wolfram Geißler
Wie der liebe Augustin entstand

Vielleicht darf man in einer Gegend nicht geradezu geboren sein, um ihre Eigenart und bildmäßige Schönheit ganz zu erfassen. Was von Kindheit an selbstverständlich ist, erweckt zuwenig Aufmerksamkeit, überraschend wirkt nur das Außergewöhnliche. Ich habe das an mir selbst bemerkt, als ich nach vielen Jahren wieder nach Weimar kam, der Stadt, in der ich meine Jugend verlebte: Jetzt erst, da das Bild, fast fremd geworden, sich von neuem darbot, enthüllte das Halbvergessene, nicht mehr Vertraute seine ganze Lieblichkeit, das Auge sah vieles, über das es früher gleichgültig hinweggeglitten, weil diese Reize alltäglich waren und daher kaum mehr empfunden wurden.

Darin liegt ja das Wertvolle, Fruchtbringende und Erregende des Reisens: daß Ungewohntes erblickt und zum Erlebnis wird. Der Bodensee, den ich im Frühjahr 1919 zum ersten Male sah, wirkte auf mich doppelt stark, denn wenige Monate vorher war ich noch Soldat gewesen. Nun aber waren Krieg und Zwang vorüber, eine friedliche und überaus sanfte Weite umleuchtete mich in allen Farben, hier begegneten sich, je nach der Tageszeit weich ineinander übergehend, der silberne Frühdunst des Nordens mit dem entschiedenen Glanze des Südens; vor den noch schneebedeckten Gipfeln der Schweizer Berge schimmerte der große See, überspielt von den zartesten Tönungen eines Lichts, das von grünen Hügeln gleich freudig aufstieg wie es aus jener Gipfelferne und den wunderbar geordneten Wolken herabfloß.

Als Gast in einem Uferschlößchen auf der Insel Reichenau, mir selbst überlassen, erlebte ich den schönsten Frühling auf einsamen Fahrten und Wanderungen, nicht nur von der wahrhaft süßen Landschaft immer tiefer bezaubert, sondern auch mehr und mehr umdrängt von der Geschichte vieler Jahrhunderte und ihren Gestalten, die ja am Bodensee gegenwartsnäher erscheinen als anderswo, weil der Unter- und Hintergrund sich nicht ändert: der See, nach menschlichem Ermessen ewig. Mit welch tiefem, stillem Erleben sah ich das Münster auf der Reichenau, das Konzilhaus zu Konstanz, den Hohentwiel, den weit über den See hinblickenden Friedhof zu Meersburg mit den Gräbern von Mesmer und Annette, während tief unten winzige weiße Segel auf dem blauen Glanze standen!

Dies alles klang in der sanftesten Harmonie zusammen, noch wohltuender gewiß durch das unmittelbar vorhergegangene Erlebnis des Krieges. Ob man diese ganze Landschaft, dieses ganze Wesen in einem Buche wiedergeben konnte?

Die Frage beantwortet sich für einen Maler wahrscheinlich einfacher als für einen Schriftsteller, beide haben die Antwort auf anderen Gebieten zu suchen. Mit einer Beschreibung kann es nicht getan sein, man müßte versuchen, ebenjenes Gesamtwesen ins Menschliche zu übersetzen, das bloße Objekt der Betrachtung zum handelnden Subjekt zu machen – eine Erzählung also, wohl ein Roman, dessen Personen die Eigenart dieser besonderen Welt verkörpern und also deutlich werden lassen.

Es ist vielleicht nicht unnötig, hier zu bemerken, daß ich damals sechsundzwanzig Jahre alt war. In solcher Jugend traut man sich vieles zu, worüber man sich später wundert.

Die Anregung – wie flach und abgegriffen ist das Wort! – war also da, die Landschaft mußte den Ausgangspunkt und ihre Wiedergabe das Ziel bilden. Wieviel aber lag zwischen

Ausgangspunkt und Ziel! Die Landschaft des Bodensees ist alles – heroisch aber ist sie nicht.

Wollte ich einen Menschen »bilden«, in dem die Landschaft sich wesentlich spiegelte, so durfte er gewiß kein »Held« im hergebrachten Sinne sein; es war einem damals, kurz nach dem Krieg, auch nicht nach Heldentum zumute. Aber damit wurde die Sache nur noch schwieriger. Wie muß ein Held aussehen, der keiner ist?

Über das fernere Werden des Romans ist danach eigentlich nicht mehr viel zu sagen, es versteht sich wohl alles von selbst. Friederike war die erste greifbare Gestalt des Romans, sie trat mir aus dem Historischen entgegen, die gegebene Dame im Schachspiel. Alles andere war, wie man bei einer auf Gewinn stehenden Schachpartie sagt, Sache der Technik. Von dieser Gegebenheit aus – und immer auf das klingende Wesen der Bodenseelandschaft lauschend – mußte das männliche Gegenstück zu Friederike erfaßt werden, sehr behutsam, nicht sehr heldisch, von diesem festen Punkt aus wurden die Fäden vor- und zurückgespannt, alle notwendigen Nebenfiguren stellten sich von selber ein: die beiden Gravenreuth, Ziwny, Mesmer sind historisch. Alles wuchs nun recht natürlich und zwanglos.

Im Frühjahr 1920 fuhr ich wieder an den Bodensee, diesmal mit ganz fest umrissenen Vorstellungen, um – abermals ein gräßliches Wort! – Lokalstudien zu machen. Damals beschloß ich, meinen Freund, der noch keinen Namen hatte, in dem kleinen gelben Hause, Dammgasse Nr. 8, wohnen zu lassen (an dem schon wenige Jahre später die Tafel »Zum Lieben Augustin« angebracht wurde). Aber da war eben noch eine bedenkliche Lücke: Ich wußte nicht, wie ich meinen Freund nennen sollte. Es ist lächerlich zu sagen, indessen gerade solche Äußerlichkeiten machen oft das größte Kopfzerbrechen. Kein Zweifel, der Name mußte dem geplanten Charakter entsprechen – aber hier kam ich mit allen Bemühungen nicht zuwege. Ein wenig unglücklich fuhr ich vom Bodensee nach dem nahen Schwarzwald, und da, bei einem Spaziergang in der Nähe von Kirchzarten, las ich auf einem Wirtshausschild: Inhaber Augustin Sumser. Damit war auch diese letzte Schwierigkeit behoben. Wie der wirkliche Augustin Sumser ausgesehen hat, weiß ich nicht, vermutlich war er ein behäbiger Schwarzwaldwirt, ich wollte es auch gar nicht wissen, da ich doch recht genau wußte, wie er bei mir auszusehen hatte.

Und so, wie ich die Stimmung der Landschaft empfand, wurde auch der Charakter der Hauptgestalt: ein Mensch, dem es zeitlebens gar nicht besonders gutgeht, der sich aber mit allem auszusöhnen weiß und schließlich sogar findet, daß ihn das Leben grenzenlos verwöhnt habe.

Der Roman erschien 1921, nachdem er von drei oder vier großen Verlagen abgelehnt worden war. Seither hat das Schicksal ja auch uns Lebende und Überlebende nicht gerade verwöhnt. Wahrscheinlich liegt hier der tiefere Grund für den noch heute unverminderten, ja eigentlich immer zunehmenden Erfolg des Buches: der Augustin hat etwas sehr Tröstliches. Ich weiß das besonders aus den vielen Zuschriften von Kriegsgefangenen aus allen Erdteilen, in denen es immer wieder heißt: »Wenn ich Ihren ›Augustin‹ nicht gehabt hätte, ich weiß nicht, ob ich durchgehalten hätte.«

Die Figur hat während dieser nun vierzig Jahre wiederum ihr Schicksal gehabt. Infolge der Verbindung mit »wirklichen« historischen Personen und da man Augustins Wege und Abwege am Bodensee überall so gut verfolgen kann, hielten die Leser bald genug auch ihn für historisch. Eine Art Legendenbildung begann, gutgläubige Zeitungsleute schrieben bebilderte Artikel »Wo der liebe Augustin lebte«, und so wird mir mein eigenes Geschöpf hübsch langsam aus der Hand genommen; das Publikum, jene unfaßbare Macht, über die man sich gleichermaßen freut wie ärgert, wünscht einfach, daß Augustin wirklich gelebt habe. Auf die Dauer, scheint mir, läßt sich dagegen nichts ausrichten. Zwar habe ich schon vor Jahren eine feierliche handschriftliche Erklärung des wahren Sachverhalts im Lindauer Stadtarchiv niedergelegt, aber ich habe die Lindauer im Verdacht, daß dieses Dokument im Ernstfall unauffindbar sein würde ... Augustin hat eben gelebt, damit punktum. Er hat auf seine Nichtexistenz zu verzichten.

Also gut, meinetwegen. Ich sage nichts mehr. Ich bin sogar durchaus zufrieden in der Hoffnung, daß er noch sehr lange leben und den Lesern Freude machen werde, jedenfalls erheblich länger als ich selbst, und das geschieht ihm und mir ganz recht.

Der Müller im Thurgau und ein Wasserwald
Von St. Gallen über Hauptwil nach Arenenberg

Dino Larese
Das Schweizer Ufer

Arbon ist eine der lebendigsten Städte am Bodensee; es lebt
durch seine Gegensätze, durch die phantastische Weite des
Sees, der einem hier das Gefühl des Europäischen gibt, und
die Nähe des eng-bäuerlichen Landes, durch die modernen Hochbauten der Saurer-Werke und die innig-verlorene
Traumhaftigkeit der Galluskapelle, durch die Besinnung auf
eine reichbebilderte, im Museum sichtbar gemachte, bis in
die Kelten- und Römerzeit zurückreichende Geschichte und
durch den Sozialismus der Gegenwart.

Das Hinterland von Arbon aber, mit Egnach, Neukirch,
Roggwil, ist die gesegnete Obstkammer des Thurgaus. Auf
dem Schloßturm von Mammertshofen kommt einem das
Land in seinem inneren Wesen entgegen. Das Versponnen-
Träumerische der schwäbischen Schäferlandschaft liegt noch
immer in seinen weiten Hügelzügen, im geschichtlichen Rau-
nen seiner stillen Schlösser und in den Gassen und Sträß-
chen seiner freundlichen Landstädtchen und Bauerndörfer.
Aber erst der kühlere, strengere Atem der Appenzeller Berge, der in seine Welt hineinspielt, gibt dieser Landschaft ihre
Eigenart: eine Ausgewogenheit im Klimatischen, im Menschlichen und Gemüthaften, deren Maß die Ordnung, die Geborgenheit ist, aber auch eine gewisse Nüchternheit und bäu-
erlich-bürgerliche Solidität.

Der Grundton dieser Landschaft ist eine sanfte Heiterkeit.
Auch in ihrer schönsten Zeit, wenn die weiße Birnblüte sich
wie ein Schleier über das Grün der Bäume legt, der Bodensee
sich in einer milden Bläue verliert, Dorf und Weiler im rosa

Schimmer der späteren Apfelblüte versinken, drängt sich diese Landschaft nicht auf. Sie ist zurückhaltend, von einer fraulichen Herbheit, die nichts Mystisches, Dunkles, Verwegenes oder Abenteuerliches kennt, sondern sich immer offen, freundlich, unfeierlich und werktätig gibt, als widerspiegle sie das Wesen eines einfachen Menschen. Den Atem der weiten Welt aber spürt man im Wasserschloß Hagenwil, seit über 150 Jahren im Besitz der Familie Angehrn, wo sich in der Gegenwart Heidegger und Ionesco, Poliakoff und Hartung treffen – man spürt diesen Atem am größten Hafen des Sees, in Romanshorn mit seiner Fähre und seinen Trajektkähnen. Hier wird der See zum »Schwäbischen Meer«; er ist nicht der See der Gewalten und Dunkelheiten, wenn er auch seine kräftigen Stürme emporjagt, er kennt nicht das Untergründige, Zwiespältige, das Dämonische, die Härte und das Brutale – wie ein seliger Hauch schwebt der Glanz italischer Luft über seinen Wassern und seinen Gestaden.

Verena Kast
Unser anderes Ufer des Sees

Wie sollte er mich nicht beeinflußt haben, der Bodensee. Während meines ganzen Lebens war er in irgend einer Weise da, wichtig, geliebt. Und da Schreiben im Bereich von Psychologie immer etwas mit dem Menschen zu tun hat, der schreibt, muß also der Bodensee schon etwas mit meinem Schreiben zu tun haben, um so mehr, als ich fast alle meine Bücher mit Blick auf das Wasser des Bodensees geschrieben habe. Und auch jetzt, wie ich schreibend darüber nachzudenken versuche, wie denn dieser See in mein Leben hereinspielt, sitze ich am Ufer des Bodensees. Er erfüllt verschiedene Funktionen, das merke ich schon jetzt – wenn ich nachdenke, dann schaue ich auf die Weite des Sees, diese Weite konzentriert mich, macht mich weit, macht vielleicht meine Seele weit, und dann können Einfälle aufsteigen, Gedanken Gestalt annehmen. Wenn es mir aber zu heiß wird, dann gehe ich schwimmen, genieße die samtene Oberfläche dieses Wassers, das ich von der Konsistenz her so gut kenne, auch vom Geschmack her – obwohl es in den letzten Jahren glücklicherweise immer geschmackloser geworden ist.

Erfrischt kann ich dann weiterarbeiten, oder auch nicht. Es ist sehr produktiv, einfach in den See hinauszusehen, zu träumen – das sind schöpferische Pausen. Dazu verführt er – der See.

Ich bin aufgewachsen in einem Bauernhaus an den Appenzellerhügeln, mit Blick auf den Bodensee. Der Bodensee war immer da, ist immer dagewesen, seit ich mich erinnern kann. Zwar manchmal tage- und wochenlang in Nebel verhüllt, aber oft lag er da wie ein Spiegel, mit scharfen Rändern, manchmal erschien der Spiegel in Schräglage, besonders bei Föhnstürmen, oder zumindest an Föhntagen, und als kleineres Kind wunderte ich mich, ob denn unter diesen Umständen der See nicht auslaufen könnte. Nein – ich wurde beruhigt. Dann lag er da, weit, man konnte das jenseitige Ufer nicht sehen, geheimnisvoll war er dann. Er war einfach immer da, ob hinter dem Haus, vor dem Haus, auf dem Weg zur Schule, der Blick mußte auf den Bodensee fallen – und so verkörpert der Bodensee für mich Heimat und ist für mich Heimat geblieben.

Aber nicht nur der See: Orte am See, auch in Österreich und Deutschland, gehörten für mich immer zur näheren Heimat, und für mich hat ein Ausdruck wie »Kulturlandschaft Bodensee« einen tiefen Sinn. Das muß ich schon als Kind ähnlich empfunden haben. Etwa als zehn- oder elfjähriges Mädchen schrieb ich in einem Schulaufsatz den Ausdruck »unser anderes Ufer«; gemeint war das Ufer des Bodensees vor Lindau. Das erregte meinen damaligen Lehrer sichtlich, er holte zu einem längeren Vortrag darüber aus, daß »das« nicht unser Ufer sei, daß das Deutschland sei, mit uns ganz und gar nichts zu tun habe usw. Natürlich wußte ich, wo Deutschland war, wo Österreich, aber mir gefiel der Ausdruck »unser anderes Ufer des Sees«, ich hatte keine territorialen Ansprüche, aber irgendwie wollte ich zum Ausdruck bringen, daß der See doch etwas Völkerverbindendes habe. Das war 1953 oder 1954 zumindest meinem Lehrer suspekt. Ich ließ mich zwar, was die Länder betraf, schon überzeugen, ich versuchte ihm aber mitzuteilen, daß man doch nie wisse, ob ein Wasser, das gerade an unserem Ufer gewesen sei, nicht an einem anderen Tag auch in Lindau ans Ufer schlage. Der Lehrer verstand mich nicht – ich verstehe mich heute noch. Noch heute interessiere ich mich dafür, wo denn das Wasser eigentlich bleibt, wo der Rhein im Bodensee durchfließt, was es mit den Strömungen auf sich hat. Denn eigentlich ist das eigenartig – es ist immer derselbe See – und es ist doch nie derselbe. Geheimnisvoll – der unsichtbare Wandel alles Lebendigen.

Ganz besonders faszinierend war es, wenn mein Vater, selten genug und immer als Belohnung, mit uns in den Altenrhein fuhr zum »Baden«. Das war doch etwas ganz anderes als die Badeanstalt, auch ein wenig ängstigend – da wurden auch Geschichten erzählt von Ertrunkenen, die angeschwemmt wurden. Und einmal, ich war höchstens acht Jahre alt, da zogen sie auch wirklich einen toten jungen Mann aus dem Wasser. Obwohl sie ihn sofort bedeckten, vielleicht habe ich ihn überhaupt nie richtig gesehen, ist mir eine aufgedunsene Zehe von ihm immer noch in lebendigster Erinnerung. Der Vater versuchte uns abzulenken, das hatte aber eher die gegenteilige Wirkung; obwohl ich mich grauste, mußte ich immer wieder hinsehen. Bisher hatte ich nur erfahren, daß alte Menschen sterben, mein Großvater war gerade gestorben – und jetzt erfuhr ich, daß auch junge Menschen sterben können, daß der See sie verschluckt. Ich bekam Respekt vor dem See, habe immer noch Respekt vor dem See. (...)

Dino Larese
Mit Heidegger in Hauptwil

Wir standen am frühen Abend des 9. April im Schloßhof von Hagenwil, einige Gruppen von angeregten Menschen, die von der Eröffnung einer Manzù-Ausstellung in St. Gallen in die stille Abgeschiedenheit dieser Wasserburg zusammengekommen waren, um das Gespräch weiterzuführen, das vor den Plastiken des italienischen Bildhauers begonnen hatte. Manzù selber, klein, konziliant, gütig, aufmerksam aufgetan, mit dem offenen Gesicht, unterhielt sich mit einigen deutschen Malern, Schweizer Kunstkritikern und lebhaften Italienerinnen. In einer Ecke des Schloßhofes, wo das Holz aufgeschichtet war und die Kühle des Schloßweihers hereindrang, lehnte der Maler Otto Dix mit dem verkniffen-listigen, braungebrannten Gesicht und zeichnete unauffällig, verstohlen, als müßte er einen kleinen Diebstahl verbergen, die gedrungene Gestalt des Philosophen Martin Heidegger, eine Gestalt, die einem hiesigen Bauern entsprechen würde, der eben über die Zugbrücke hereinkäme, einen Abendschoppen in der Schloßwirtschaft zu trinken. Dann blickten mich seine Augen an, verschmitzt, hintergründig, aber dann schienen sie mir auf einmal groß, von einer durchdringenden Klarheit und Helle. Er war zurückhaltend, fast scheu, schweigsamer Art, aber im Lauf des Gesprächs, wenn der Wein gut war, leuchtete ein hiesig-ländlicher Humor auf, Freude am Witz. Er sprach ruhig, ohne dramatische Akzente, die innere Gelassenheit drückte sich in den spärlichen Gebärden aus.

Ich fragte ihn nach dem Eindruck, den er von der Kunst Manzùs bekommen hatte.

In seiner pausierenden, das Wort bedächtig setzenden Art sagte er: »Auf Ihre Frage ist eine sehr einfache Antwort zu geben. Es ist die Unmittelbarkeit der plastischen Darstellung, in der für mich etwas Ursprüngliches der griechischen Plastik wieder zur Erscheinung kommt, ohne daß es als eine Nachahmung aufgefaßt werden dürfte. Ich sehe in dieser Kunst einen neuen Versuch, das, worin ich das Wesen der Kunst zu sehen meine, das Ins-Werk-Setzen der Wahrheit wieder zu verwirklichen – auf dem Wege, das Bild des Menschen und des zwischenmenschlichen Verhältnisses wieder zur Darstellung zu bringen.«

Von der griechischen Plastik ausgehend, nahm unser Gespräch eine überraschende Wendung, indem wir auf Hölderlin, dessen Dasein und Dichtung als schmerzlich-heldischer Hymnus Heideggers Denken immer heftig beschäftigt, zu sprechen kamen.

»Ist nicht Hauptwil in der Nähe?« fragte mich Heidegger.

»Doch, in einer knappen Viertelstunde erreichen wir es mit dem Wagen.«

Ich bemerkte ein Aufleuchten in Heideggers Augen, das ich als Wunsch und als Bitte gleichermaßen verstand.

Wir fuhren durch die Felderweiten, streiften die Einsamkeit der Hudelmooser-Ried- und Moorlandschaft, die Stille und verträumte Traulichkeit von Bischofszell und hielten dann auf der Höhe über Hauptwil einige Augenblicke inne, als müßten wir diese stille Landschaft, in der Erinnerung an den Aufenthalt Hölderlins, verklärter sehen und erkennen.

Mit Heidegger betrat ich den Friedhof, wo in einer grünen Stille an der Friedhofmauer zwei Gedächtnisplatten an die Familie von Gonzenbach erinnern. Heidegger beugte sich über die Rabatte, um im Dämmerlicht die Aufschriften lesen zu können, die er leise vor sich hinmurmelte: »Daniel von Gonzenbach, geboren am 31. Oktober 1796, gestorben am 9. Oktober 1853; Pauline von Gonzenbach, geboren am 11. Oktober 1795, gestorben am 14. September 1863; Wilhelm von Gonzenbach, geboren am 4. Mai 1789, gestorben am 26. September 1866.« Dann schaute er mich an, als wollte er sagen: »Könnten das nicht die Kinder sein, die Hölderlin unterrichtete?«

Schweigend schritten wir dann hinunter zum Kaufhaus, öffneten das schnarrende Eisentor und traten in den gepflegten, biedermeierlich-traumhaften Garten mit den hohen Bäumen, schauten hinauf zu den geschlossenen Fensterläden, hinter denen wir Hölderlins Zimmer vermuteten, überquerten dann auf einem schmalen Holzsteg den Bach, um die Gedächtnisplatte über dem Eingang des »Schlößlis« zu lesen. »Nur in ganzer Kraft ist ganze Liebe«, sagte hernach Heidegger, die Worte wiederholend.

Wir aber, die Spätgeborenen, wanderten durch das Dorf in Gedanken an Hölderlin, durchs Tortürmchen, am neuen Schloß vorbei hinunter ins Kaufhaus und schritten durch die weiten, bildergeschmückten Räume und verweilten lange in der Hölderlinecke, wo pietätvoller Sinn die Dinge hegt, die an Hölderlin erinnern, einen kleinen Schattenriß mit Hölderlins Schrift, die Miniaturbilder der Gonzenbachs und Hölderlins Werk. Nur eine Uhr tickte, draußen rauschte der Bach, wir aber lasen in seinen Schriften an dem Ort, wo er geweilt, und der große, weite Atem dieses »reinsten und heimlich strahlendsten unter unsern großen Kündenden« wehte durch den Raum, Stube, Dorf und Landschaft verklärend, und unser Wesen, andächtig und ehrfürchtig gestimmt, von innen her durchleuchtend.

Als wir in der Nacht nach Hagenwil zurückfuhren, rauschte ein kurzer kräftiger Regen hernieder. In einem seltsamen

Zwiespalt saßen wir am Tisch. Otto Dix zeichnete gegenwärtig weiter und suchte das Geheimnis dieses verschlossen-auf-
getanen, widersprüchlich scheinenden Antlitzes zu ergrün-
den. Manzù, glücklich in sich und in der Geborgenheit der
herben Schönheit seiner Freundin ruhend, lächelte gewin-
nend, als wäre sein Griechentum nur Heiterkeit, Harmonie.
Jemand öffnete ein Fenster, ein kühler Luftzug strich herein;
die Kerzen flackerten kurz, als wollten sie verlöschen.

Golo Mann
Wanderungen im Thurgau

Durch einen Laubengang führt ... der Weg zwischen Gütting-
en und Kesswil. Oder seeabwärts, Landschlacht, dort ein
entzückender kleiner Port und ein altes Anwesen, über dessen Pforte »willkommen« auf altgriechisch steht – »chei-
re«!, dann Münsterlingen mit dem Kantonsspital des Thurgau in der Höhe. Und immer, zur Rechten oder zur Linken,
der so sehr wandelbare See, der bewegte oder unbewegte,
der helle, so daß man die Schloßkirche von Friedrichshafen
erkennt, der im Dunst oder Nebel sich zum Meer erweitern-
de, der segelbelebte oder ungestörte, der im Föhnlicht fun-
kelnde und verengte, der im Ostwind freudig leuchtende,
der Morgen-See, der Abend-See, die Sonne hinter dem Münster von Konstanz, langsam verschwindend. Schaltete ich einen Feiertag ein, so fuhr ich mit der Bahn nach Rorschach,
mit etwas zu essen, zu trinken und zu lesen in der Tasche,
und ging von dort schnurstracks in die Höhe. Das Städtchen
ist schnell überwunden, bald beginnen steile Fußwege, an
ein paar Bauernhöfen vorbei, in den Wald. Nach vielleicht
1 ½ Stunden ist man an die 300 Meter hoch über Stadt
und See, nahe einer Siedlung namens Wienacht. Liegt Nebel
über dem See, so wird man gespannt sein, ob es oben hell ist
oder hell wird, während man dort promeniert, jedesmal ein
Erlebnis, das an Bühnenzauber erinnert. Ist's aber ein klarer
Tag, so sieht man den See von Lindau bis Konstanz zusamt
dem deutschen Hinterland und allen Landzungen und Städten und Dörfern. Nur den Untersee nicht, dafür müßte man
noch bedeutend höher, am Ende gar bis hinauf zum Säntis.

Waren die Tage lang, im Sommer oder Frühherbst, so ging ich weiter ins Appenzeller Land, etwa zu einer Erhebung namens Gupf und von dort nach Heiden, um das Züglein nach Rorschach zu gewinnen. Ein gewonnener Tag.

Oder wiederum seeabwärts nach Mannenbach. Dann zu Fuß über Schloß Arenenberg oder Schloß Salenstein in die aufsteigenden Wälder, man glaubt nicht, wie groß und menschenleer sie sind, auch in der Hochsaison; dafür sorgt der Magnet des Sees. Erst wenn man auf die Höhe gelangt, gibt es dann wieder Landstraßen und einzelne Gehöfte. Über Schloß Arenenberg habe ich vor langer Zeit einen Essay geschrieben, der mir noch heute Spaß macht: die bezaubernde Verbindung von Landschaft und Historie dort, die geschaute Geschichte des Hauses Bonaparte durch drei Generationen. Ein Lesestück für alte Leute; wer von den Jungen weiß heute noch, wer die Königin Hortense war? . . . Eine andere, nicht weniger reizvolle, aber unterschiedliche Möglichkeit ist diese: man fährt bis Mammern, dort, wo der Untersee sich zum Fluß zu verengen beginnt – aber wer will bestimmen, wo der See aufhört und der Rhein anfängt? –, und steigt hinauf zur Wallfahrtskirche Klingenzell, von dort geht man weiter in die Höhe, um den neuen, immer anderen Blick auf den See, seine Inseln und Halbinseln zu genießen. Oder man geht westwärts, auf einer ungepflasterten Landstraße, Fahrzeuge nur ab und an, wieder an einem jener beneidenswert gelegenen Schlösser vorbei, bis dorthin, wo die Wälder zurücktreten, das Gelände nach vorn abschüssig wird und eine weite Sicht überrascht: auf die Rheinbrücke und auf die Inselchen im Fluß, auf das Städtlein Stein, darüber die waldumrandete Burg Hohenklingen, auf der deutschen Seite ein Klosterbau, und den Rhein abwärts ein gutes Stück. Es ist durchaus kein Vergleich zwischen diesem Blick und jenem von Wienacht aus. Dieser richtet sich auf eine alles andere beherrschende gewaltige Wasserfläche; jener auf eine mannigfaltige, fein-gegliederte Landschaft, Stromtal und Höhen, in der Zivilisation und Natur ein und dasselbe geworden sind.

Nikolaus Schubert
Uttwil, das Dorf der Dichter und Maler

Uttwil, das Fischer- und Bauerndörfchen am schweizerischen Bodenseeufer, kannte im ersten Jahrzehnt unseres Jahrhunderts eine kleine Blüte als Fremdenkurort. Ein Hotelbetrieb, aus mehreren Wohn- und Wirtschaftsgebäuden bestehend, mit schönem Park am See, konnte bis zu hundert Gästen Sommeraufenthalt, Erholung und bescheidene Zerstreuung bieten. Die aufstrebende Gemeinde schien selbst einem Arzt, dem jungen Basler Felix Martin Barth, Gewähr zu bieten für die Errichtung einer Landpraxis. Einige Jahre später als Kurarzt nach Brestenberg berufen, überließ er sein Haus dem Maler Theodor Barth, einem Vetter des Malers Paul Basilius Barth und des Prof. Karl Barth. Eine Studie, der »Schulspaziergang«, erinnert noch an den Uttwiler Aufenthalt des eigenwilligen, persönliche Wege gehenden Künstlers. Der Erste Weltkrieg bereitete dem Kurleben des kleinen Ortes ein unerwartetes Ende. Der Fischer und Bauer gab dem malerischen Dörfchen wieder das Hauptgepräge. Dessen einzige kleine Sensationen bestanden in den Köpenickiaden und Schildbürgerstreichen seiner schmuggelnden Seefahrer, die für die Beteiligten mitunter schlecht ausgingen und bald Heiterkeit, bald mitfühlende Anteilnahme bei der Mitbevölkerung erweckten.

Es war daher für die kleine Gemeinde ein außergewöhnliches Ereignis, als gegen Ende des Ersten Weltkrieges der Architekt Henry van de Velde Uttwil als Wohnsitz wählte. Nach manchen Enttäuschungen und Irrfahrten führte ihn der Weg des Zufalls aus Weimar, seiner langjährigen Wir-

kungsstätte, in das stille, große und von alten Bäumen um-
gebene Haus am See. Hier fanden sich seine in alle Winkel
Europas zerstreuten Familienmitglieder endlich wieder zusammen.

Dieser »Europäer« und seine Familie fanden sehr rasch
herzlichen und menschlichen Kontakt mit den Dorfbewohnern, und das anfängliche mit Neugierde gepaarte Mißtrauen
machte einer großen Zuneigung Platz. Im Hause des Künstlers setzte ein reges Kommen und Gehen ein. Unbewußt
fühlte man, wie vieles in dem Dörfchen sich wandelte, wie
es unbemerkt Weltanschluß fand, für eine Klasse Menschen
Anziehungspunkt wurde.

Wohl einer Anregung Veldes folgend, hielt wenige Mona-
te später der Schriftsteller und Dichter René Schickele in
Uttwil Einzug. Ihm wiederum ist es zu danken, daß Annette
Kolb sich von Zeit zu Zeit für kurze Besuche einfand.

Durch die Söhne und Töchter van de Veldes und Schicke-
les, die hier die Schule besuchten, reihten sich beide Familien auf natürliche Weise der Gemeinde ein, ohne Fremdkör-
per zu sein, sie vielmehr auf wertvollste Art belebend und
bereichernd. . . .

Der impulsivere und dynamischere Nachfolger im Hause
Schickele war der Schriftsteller Carl Sternheim. Im Gebaren
und in seiner ganzen Lebensart war er reiner Gegensatz seines Vorgängers. Er lebte sehr zurückgezogen, und auch seine Tochter und sein Sohn, durch einen Hauslehrer erzogen,
fanden weniger Kontakt mit den Gleichaltrigen des Ortes.
Sternheim entschloß sich, in Uttwil ein kleines Gartenhaus
zu bauen, das ihm, dem »Heimatlosen und Verfolgten«, als
Absteigequartier dienen sollte. Wenig später ließ er ein statt-
liches Wohnhaus erstellen, in das er allein mit seiner Gattin
übersiedelte, das Gartenhaus seinen Kindern überlassend.

Auch den nicht weniger temperamentvollen Schriftsteller Paul Ilg zog es nach Uttwil. Er stieg mit seinem blondgelockten Jungen im ländlichen Gasthaus am See ab. Oft sah man die beiden ungleichen Gestalten, Sternheim und Ilg, durch die Straßen des Dorfes spazieren oder im Hotelgarten sitzen. Der eine mit halb kahlem, schmalgeschnittenem Kopf, in einen Anzug gezwängt, der immer zu eng schien, seine Worte mit nervösen, zerrissenen Gebärden begleitend, der andere lässiger, bohemehafter und erdverbundener.

Aus den Schrullen und Eigenarten Sternheims wußte mancher Uttwiler Nutzen zu ziehen. Der Dichter arbeitete oft bis in die frühen Morgenstunden. Kaum hatte er sich dann zur Ruhe gelegt, begann sein Nachbar, der Zimmermann, sein Handwerk mit Hämmern und Sägen, munter dazu singend. Das brachte die Nerven des halb Schlafenden zum Siedepunkt. Wütend öffnete er das Fenster, um unter Begleitung nicht allzu höflicher Worte dem Störenfried einige Franken zuzuwerfen, ihn auffordernd, seine Arbeit noch für einige Stunden einzustellen. Der Zimmermann machte denn auch reichlich Gebrauch von dieser Art, Geld zu verdienen. Eine andere Eigenart Sternheims war es, seine ganze Korrespondenz zu jeder Tag- und Nachtzeit im Nachbarorte Romanshorn zur Post bringen zu lassen. Dieser Umstand bewog einen alten eingefleischten Bauern, sein Bauerngut zu veräußern und sich einen Personenwagen anzuschaffen und Chauffeur zu spielen. Er soll damals mit dieser Beschäftigung sein Auskommen gefunden haben.

Im Hause Sternheim waren Pamela Wedekind, Erika und Klaus Mann häufige Gäste. Der Schriftsteller verließ Uttwil, schon gezeichnet und verfolgt von seiner späteren Krankheit ...

So war Uttwil durch Jahre das Dörfchen des Architekten,

der Maler, Schriftsteller und Dichter. Es war ein stiller, ruhiger Fleck Erde, nicht aber eine Künstlerkolonie mit lautem Aushängeschild. Es war ein Fischer- und Bauerndorf, dem wenige geistig und künstlerisch Schaffende durch ihre Anwesenheit köstlichen Reichtum und stilles Leuchten verliehen.

Golo Mann
Nachtphantasien

Schön ist der Blick durch die Spiegelfenster des Schlosses Arenenberg, am schönsten im Herbst: der weitgegliederte See mit seiner Insel, die Waldberge des deutschen Ufers, die Hegau-Kegel; Dörfer und Klostertümer; Fruchtbäume und Wein. Uralte, mit der Landschaft vermählte Zivilisation; nordisches Italien. Wenn schon Exil, habe ich mir, auf der Terrasse zwischen Schloß und Kapelle stehend, oft gedacht, dann würde ich mir Arenenberg als Exil gefallen lassen.

Von der Familie Hugentobler, auch schon in der zweiten Generation, so gelehrt wie liebevoll behütet, breitet Schloß Arenenberg seine Erinnerungen vor uns aus. Es ist die Geschichte der Bonapartes, dieser für das 19. Jahrhundert so sehr charakteristischen und in ihm so einzigartigen Familie, zu unsolide und kurzfristig, um eine echte Dynastie zu sein, zu reich an Talenten und Käuzen, zeitweise zu gewaltig wirkend, um bloße Operette zu sein; Militärs und Politiker, Träumer, Menschenfreunde und Hasardeure, Salonlöwen, Ehebrecher, Schuldenmacher, Gestalten Balzacs, Gestalten Stendhals, Gestalten Zolas – Fortuna, Infortuna, Fortuna. Da hängen ihre Poträts an den Wänden, offizielle Prunkgemälde, private Skizzen, Selbstbildnisse, Photographien. Da stehen die Tische, an denen sie speisten, spielten, schrieben, die Fauteuils, in denen sie saßen, erekt und fein wie die Kaiserin, hingerekelt und Zigarren rauchend wie Plon-Plon, Möbel im Stil des Ersten Empire, in dem des Zweiten, im Viktorianischen. Da sieht man die Geschenke, welche die echten Gekrönten den falschen übersandten, die Bücher, in denen sie blätterten, beim Schein der Kerzen, dann der Petroleumlampen, Piano und Harfe, Malinstrumente und Stickrahmen der Hortense, Louis Napoléons bernischen Säbel, Lous englische Schreibgarnitur. Der das Schloß nie sah, ohne den aber all die Herrlichkeit nie möglich gewesen wäre, dominiert in ihm, so wie er über Geschwister und Adoptivkinder, Neffen und Großneffen dominierte. Man sieht ihn in allen Phasen seines Lebens. (...)

Hier ist es, als hätte ein Dornröschenschloß sich aufgetan, so wie es war, als der böse Zauber es traf. Im intimsten, persönlichsten Rahmen wandelt man auf den Spuren vergangenen Lebens, mit einem Gefühl von Feierlichkeit und fast von Indiskretion.

Beat Brechbühl
Der Wasserwald

Ich muss etwa elf Jahre alt gewesen sein, als Vater und Mutter mich beidseitig an der Hand nahmen und durchs Dorf in die Rebberge hinaufstiegen. Es war ein heißer Sonntagnachmittag im Sommer. Ich freute mich, dass Mutter mitkam, und dass ich das einzige ihrer Kinder war, das sie mitnahmen. Sonst ging Vater am Sonntagnachmittag, wenn schönes Wetter war, zum Arbeiten in den Rebberg und nahm alle Kinder mit, die grade zu Hause waren. Diesmal stiegen sie nicht den steilen Fußweg zwischen den Häusern hinauf, sondern wir gingen zu dritt die Dorfstraße entlang. Es muss etwas feierlich und komisch ausgesehen haben: Die Eltern Dietrich halten ihren Jüngsten an der Hand und spazieren mit ihm durchs Dorf. Aber da ich ja ein Kleiner, Dünner war, den man oft *das Verreckerli* nannte, mochte es vielleicht nicht so weither gewesen sein mit der Komik.

Die Eltern redeten mit gedämpften Stimmen über meinen Kopf hinweg und besprachen ihre täglichen Sorgen; von Letzteren hatte ich etwas mitbekommen, als Vater erstmals ein Stück seines Weinbergs verkaufen musste. Sonst fühlten wir Kinder uns gerne vom Ernst dieser unangenehmen Andeutungen ausgeschlossen.

An diesem Tag fühlte ich mich ein bisschen als Hahn im Korb oder wenigstens als Hähnchen, dem gut zugeredet und zugefüttert wurde, damit es einst ein schöner großer Hahn würde. . . .

Das grünhelle Flimmern der Sonne durch die Blätter, die reglose Stille des Sommernachmittags, der scharfe Geruch nach stehendem Wasser und moderndem Holz, ein feines Rascheln im Laub, und auf einmal war ich im Wasserwald.

Der Wald war voller Wasser oder der Weiher voller Wald. Der Himmel war oben und unten, und überall schien Sonnenlicht, und Schattenhänge gab es und Wolken und Dunst. Vögel flogen durch das Wasser, und eine Blindschleiche kam langsam auf mich zugeschwommen. Sie sagte: Komm mit, ich zeig dir die Farben.

Ich wunderte mich, dass ich die Blindschleiche hörte und verstand.

Was willst du mir Farben zeigen? Hier sind genug, sieh doch: Der Tropfen, der von meinem Finger in den Weiher fällt, schillert wie der Regenbogen überm See, die Blätter der Bäume blätteln lind- und moosgrün im Wasserwind, die Libellenflügel sirren kobaltblau und smaragdgrün.

Die Blindschleiche schwamm auf Augenhöhe vor mir, schwänzelte leicht und schaute mir in die Augen, immer tiefer schaute sie in mich hinein, bis mir heiß wurde und ich den Blick senkte. . . .

Wir schwammen lange durch den Wasserwald. Als die Blindschleiche sah, dass ich mich nicht mehr sträubte, mit ihr zu gehen, löste sie den Ring um meinen Bauch und schwamm auf Brusthöhe neben mir. Wir gelangten um eine Biegung, die ich vorher nicht gesehen hatte, und sie sagte: So, hier sind die Farben, die ich dir zeigen wollte.

Vor mir im Wasser sah ich unsere Reb- und Gemüsegärten, weiter unten das Dorf und die Ufer des Sees. Doch eine Glaswand schien zwischen ihnen und mir zu liegen. Ich fragte die Blindschleiche.

Sie antwortete nicht, ihre Haut berührte mich leicht an der rechten Wange, als sie schlängelnd davonschwamm.

Ich spürte, wie ich den Mund aufriss und nach Luft schnappte, ein Donnerschlag fuhr durch den Wald. Und dann hörte ich Vaters Stimme, die meinen Namen rief. Ich rief zurück und lief in seine Richtung, es donnerte und stürmte und goss. Vater packte meine Hand, und Mutter packte die andere, und in großen Schritten rannten sie mit mir den Hügel und mitten durchs Dorf die Dorfstraße hinunter, hinein ins Haus, die Treppe hinauf, und ich musste mich in der Stube nackt ausziehen, was ich zum Sterben ungern tat. Mutter begann zu rubbeln, sie rubbelte wort- und gnadenlos, ich konnte kein Wort dazu sagen, sie rubbelte überall und gründlich, bis ich ganz warm kriegte und trocken war.

Der Kopfsprung, ein Naturphänomen und die Lindenblüte

Der Untersee, der Rheinfall, die Höri

Lisa della Casa
Der Kopfsprung in den See

Der etwas überraschende, vor mehr als vierzig Jahren erfolg-
te Umzug zum Bodensee verlangte von mir, einer am Tor
zum Emmental geborenen gebürtigen Tessinerin, die erwartete Umstellung. Es fiel mir nicht leicht, mich an dessen Ufer
heimelig zu fühlen, war ich doch durch meine lebhaften
Kindheits- und Jugenderinnerungen mit Landschaften von
ganz anderer Art noch eng verknüpft. Tessin, durch ausge-
dehnte Aufenthalte in Lugano bei der Großmutter, Emmental und Berner Oberland, vor allem aber das Emmental mit
seinem nie enden wollenden rhythmischen Wechsel zwischen
Tal und Hügel und jenen einzelnen Bänklein unter der einsamen Linden auf den Kuppen, hatten mein Landschaftsbild
so stark geprägt, daß es mir Mühe bereitete, die sanfte, flache Bodenseegegend zu erfühlen.

Bevor ich aber weiterfahre, möchte ich für Nichteidgenos-
sen den geradezu wahnwitzigen Unterschied zwischen »ge-
bürtig« und »geboren« erläutern. Kinder, egal wo sie auf die
Welt kommen, gelten ausnahmslos als Bürger der Heimat-
gemeinde des Vaters. Der Geburtsort wird nicht einmal in
den Reisepässen angegeben, dafür aber die Gemeinde, deren
Bürger(in) man ist. Männliche Nachkommen gehören durch
Generationen der Gemeinde der Väter, Großväter, Urgroß-
väter etc. an. Dies gilt auch für Mädchen, allerdings nur bis
zur Eheschließung. Danach wechseln sie zur Gemeinde des
Ehemannes über. Meine in München geborene Mutter wurde durch die Heirat mit meinem Vater Bürgerin von Stabio
(Tessin), ich durch meine erste, kurze Ehe Bürgerin von Lan-

genthal (Bern), wobei weder meine Mutter je in Stabio noch ich je in Langenthal gelebt hatten.

Ich blieb auch nach der Scheidung und während der ersten sechs Jahre meiner zweiten Ehe Bürgerin von Langenthal. Erst nachdem mein Mann, der bis dahin als ein schriftenloser Jugoslawe figurierte, Schweizer *und* Bürger von Gottlieben geworden war, wurden auch unsere Tochter und ich Bürgerinnen von Gottlieben, was uns sozusagen die Legitimität der Zugehörigkeit zum Bodensee verschaffte.

Die Übersiedlung nach Gottlieben war nicht nur unerwartet, sie geschah auch nicht ganz freiwillig.

Nach dem Tod meiner Mutter beschloß mein Vater, durch freundschaftliche Beziehungen bedingt, nach Gottlieben zu ziehen. Bevor er aber diesen Wunsch in die Tat umsetzen konnte, starb auch er, ein halbes Jahr nach meiner Mutter.

Ein Jahr danach, im Frühjahr 1950, unmittelbar vor einer beruflichen Reise nach Italien, waren mein Mann und ich auf Besuch in Gottlieben und erfuhren bei dieser Gelegenheit, daß unsere Freunde entschlossen waren, ihren Besitz nun anderweitig zu verkaufen. Während eines Rundgangs durch den Park blieb mein Mann zwischen zwei schlanken Eiben plötzlich stehen: »Sollten wir es nicht übernehmen? Das war doch einer der letzten Wünsche deines Vaters, also es wäre in seinem Sinn und Geist ...« Ich hatte an diese Möglichkeit nie gedacht, und dieser Gedanke überraschte und beunruhigte mich. Ich zögerte wie vor einem ungewollten Kopfsprung in die Tiefe.

Ich sprang symbolisch in den Bodensee ...

Der Kopfsprung geschah schnell und schmerzlos, aber die ersten Schritte danach auf dem harten Boden der Wirklichkeit fühlten sich bleiern an.

Neue Dimensionen und ungewohnte, andere Umstände –

ich selbst befand mich in anderen Umständen – bestimmten und veränderten gründlich unseren Alltag. Die Umstellung auf ein für uns neues Leben auf dem Land und das Bewältigen der verschiedenartigen, ungeahnten Arbeiten bereiteten uns einerseits manche schlaflose Nacht. Andererseits aber waren wir durch die freudige Erwartung überaus glücklich und voller Zuversicht. Gottlieben stand unter einem guten Stern, und ich war selig, hier das Familiennest zu bauen.

Wir fanden im übernommenen, alten Verwalter, dem guten Geist von Gottlieben, eine große Stütze. Er belächelte zwar anfänglich unsere Unerfahrenheit und Unbeholfenheit, zugleich aber räumte er behutsam alle Hindernisse aus dem Weg, und als Faktotum, das er wirklich und wie aus dem Bilderbuch war, führte er uns allmählich in den richtigen Rhythmus ein.

Langsam, aber stark entdeckten nicht nur unsere Augen, sondern auch unsere Herzen die Gegend und ihre Natur. Zuerst unsere Hunde, danach mein Mann, obwohl er als ein Stadtmensch anfänglich Mühe hatte, eine Birke von einer Buche zu unterscheiden, und zuletzt auch ich schlugen feste Wurzeln ein.

Gottlieben war damals eine ländlich idyllische Gemeinde und noch ganz verträumt; auf dem mit Gras bedeckten Dorfplatz kaum ein Auto, keine lauten vorbeirasenden Motorboote, kein Lärm der herumschwirrenden Sportflugzeuge aus der Luft. Die Stille, die wie eine Dunstwolke über dem Dorf hing, wurde nur durch die Kuhglocken leicht bewegt, wenn die Tiere morgens zur Weide und abends zurück in die Stallungen getrieben wurden, wo wir allabendlich frisch gemolkene, noch dampfende Milch holten.

Die ungewöhnliche Stille verursachte bei manchem unserer Hausgäste Schlafstörungen. Aber auch gelegentliche turbulente Mardertänze in den Zwischenböden brachten verschiedene Stadtmenschen um die Nachtruhe, so daß sie unausgeschlafen und leicht verstört zum Frühstück erschienen.

Die Ruhe war nicht nur akustisch vernehmbar. Die ganze um uns herumliegende Landschaft wirkte beruhigend und wohltuend. Und das war genau der richtige Ausgleich in meinem sonst so reisehektischen Berufsleben. Wir nutzten jede uns bietende Gelegenheit, zwischen Verpflichtungen schnell nach Hause zu fliegen, oder wir rasten mit dem Wagen über Berg und Tal, halbe, ganze Nächte lang, manchmal nur für ein paar Tage, nach Gottlieben, um neue Kräfte zu sammeln und die würzige, frische Seeluft aufzutanken.

Auf diese besondere Luftbeschaffenheit sind wir allerdings erst richtig durch unsere Hunde gekommen. Wann immer wir nach längeren Aufenthalten in Wien, Salzburg oder München (Tochter und Hunde waren meist dabei) nach Hause fuhren, wiederholte sich derselbe merkwürdige Vorgang: Sie wachten aus dem tiefsten Schlaf auf, lange vor Friedrichshafen oder Meersburg, und kräftig schnuppernd drückten sie ihre Nasen an die Scheiben.

Wir hielten es anfänglich für eine Spielerei, bis unsere Tochter einmal sagte: »Jetzt riechen sie wieder die Seeluft!« »Wieso?« »Ich rieche sie auch immer, tut ihr es nicht auch?« Seit diesem Augenblick taten wir es, wir wurden – wenn man so will – luftbewußter und geruchsinniger.

Aber durch diese vielen nächtlichen Heimreisen, die uns meist in der Morgendämmerung nach Hause brachten, wurden wir auch naturbewußter. Wir erlebten erste gigantische, eruptiv orangeglühende Sonnenaufgänge am See, die zu den für uns schönsten und eindrucksvollsten der Naturereignisse gehören.

Oder wir begegneten all jenen Tieren, die wir im Park vermuteten, welche wir aber unter normalen Umständen nie zu Gesicht bekamen. An einem dieser Frühmorgen versperrte uns plötzlich ein frecher Dachs die Einfahrt. Er stand für Augenblicke aufrecht, blickte uns unruhig in die Augen und lief dann eilig davon. Wohl kaum ein weltbewegendes Erlebnis, aber das war nicht irgendein Dachs, das war unser Dachs, unser langjähriger Untermieter, dessen »Wohnung« die Hunde uns schon längst gezeigt hatten ...

Hasen, Füchse, Rehe mit und ohne Kitzen ergänzten morgendliche Idyllen. Tagsüber gehörte der Park den Hunden, die allerdings keine Berufsjäger waren; sie begnügten sich mit dilettantischem Verfolgen der vorhandenen Spuren. Sonnenuntergänge gehörten zu ihrem und unserem alltäglichen Ritual. Wir alle liebten diese besinnlichen Augenblicke am Wasser, berauscht durch das purpurfarbige, prächtige Gewand der sinkenden Sonne.

Ich sagte, wir liebten es, wir tun es aber immer noch, genau so wie die dauernd wechselnden Stimmungen auf dem Wasser; ihr Spiel mit Licht und Farben kennt keine Grenzen. Der Himmel, er auch, zeigt viele Gesichter, das müde graue, das bedrohlich aufgewühlte schwarze, das leicht heitere silbergraue und das blaustrahlend lachende.

Nach mehr als vierzig Jahren am See weiß ich nicht, welche der Jahreszeiten mir am liebsten ist. Jede von ihnen hat ihre besonderen Reize. Ich mag stille, nebelträchtige Herbsttage mit triefenden, nur zum Teil entkleideten Bäumen. Es ist aber nicht weniger schön, entfesselte Tänze der unter den Sturmpeitschen ächzenden Bäume zu beobachten. Besonders einprägsam sind auch weiß gekleidete Tage, in welchen dunkle, nackte Baumstämme leicht frösteln und ihre kahlen Äste, den aus dem Ried träge fliegenden Fischreihern anbieten.

Während das gegenüberliegende, stark entblößte Ufer, auf dem nur noch vereinzelte Reiher stundenlang und wie versteinert stehen, ruht, wird das Wasser durch die wie Popcorn verstreuten Belchen, Wildenten, Möwen und Schwäne belebt.

Die Enten zeigen sich eher von ihrer zahmen als von der wilden Seite, sie watscheln über die Wiesen oder sie liegen friedlich auf der Brüstung unserer hoch gelegenen Seeterrasse, nur durch Fensterscheiben von unserem Frühstückstisch getrennt.

Wechselt das winterliche Ried seine Farbe je nach Lichteinwirkung von einem matten Gold zu einem lebhaften Gelb des van Gogh, so wiegt es sich im Sommer, leuchtend grün, in den smaragdenen Wellen. Multivocale Klänge der Vögel erfüllen die sommerliche Luft, und zwei Augen reichen oft nicht aus, um all die übermütigen, beutejagenden, gegeneinander kämpfenden Tief-, Höhen- und Sturzflüge festzuhalten.

Wann immer das Wetter es erlaubt, springen wir in die Fluten und schwimmen zwischen Gefiederfregatten. Taucher sind sehr scheu, Schwäne von vornehmer Zurückhaltung, Möwen frech, Schwalben mückengierig und rücksichtslos, aber die Enten werden sehr schnell zutraulich und gesprächig.

Gegen Abend versammeln sich die Stare in immer denselben Bäumen. Nach einer überaus lauten Sitzung schwingen sie sich plötzlich in die Luft und huschen wie dunkle Wolken über unsere Köpfe hinweg.

Die Schwäne gehören zu unseren schönsten Nachbarn. Gleiten ganze Familien an der Mauer vorbei, so glauben wir, daß wir bald die Gruppen voneinander unterscheiden können, die Zahl der Jungschwäne ist ausschlaggebend. Es ist aber

unmöglich, Schwanenhälse der kinderlosen Paare genau aus-
einanderzuhalten. Vor vielen Jahren, als dies noch ungefähr-
lich war, ruderte mein Mann uns oft hinunter zum Untersee, und gleich in der ersten Bucht am rechten Ufer hielten
sich ganze Schwanenkolonien auf. Einmal erblickten wir darunter auch zwei offenbar verirrte schwarze Schwäne, wor-
auf wir den Untersee zum »Schwanensee« umtauften, obwohl sie uns keinen Spitzentanz vorführten.

Ich frage mich, woher der Ausdruck »Schwanengesang«
kommt. Ich habe noch nie einen Schwan singen gehört, höchstens seinen Flügelgesang im Fluge.

Die Landschaft bleibt dieselbe, aber das Leben in ihr ist anders geworden. Aus dem stillen Fischerdorf Gottlieben wurde ein touristischer Rummelplatz, Kotflügel an Kotflügel,
Stoßstange an Stoßstange stehend, verstopfen unzählige Wagen und Ausflugscars das Dorf und verpesten die Luft. Die
Schifflände, und wir auch, werden unsanft aus dem Schlaf
gerüttelt, und die Wasservögel fliehen um ihr Leben vor zu
vielen heranrasenden Motorbooten, die sich offenbar schnel-
ler als Kaninchen vermehren.

»Meine Ruh' ist hin, mein Herz ist schwer, ich finde sie
nimmer, und nimmer mehr«, singt das Gretchen am Spinnrad. Ich sitze zwar nicht am Spinnrad, aber meine Ruh' ist
hin. Auch durch die unzähligen vorbeifahrenden Ausflugs-
schiffe, die dröhnend an die Kurzgeschichte Gottliebens meinen Namen anhängen; Foto- und Filmkameras klicken und
summen, und Ferngläser werden auf uns gerichtet, wenn wir
auf der Terrasse oder am Wasser sitzen.

Diese Gegend ist so reich an wirklichen Sehenswürdigkeiten
und Naturschönheiten, daß die Verwendung meines Namens
als eine zusätzliche touristische Attraktion eigentlich über-

flüssig ist ... Obwohl wir während vierzig Jahren am See nur zwei Mal im Keller nach Weinflaschen und Etiketten fischen mußten, bleibt der beunruhigende Kummer vor dem steigenden See stets lebendig. Jahr um Jahr verlieren einzelne Bäume, Zierbüsche und auch manche Rosen ihr Leben durch die See-Ausgelassenheit.

Aber man liebt, wie der amerikanische Schriftsteller William Faulkner sagte, nicht deshalb, sondern trotzdem!

Abschließend ein schier unglaubliches Geständnis: Ich war noch *nie* auf der Mainau, auf der Reichenau, im Konstanzer Münster, in Meersburg oder sonstwo, was von kultureller und historischer Bedeutung für die Gegend ist. Es gibt halt auch unter den Künstlern einzelne Banausen ...

Ich sang über dreißig Jahre auf der ganzen Welt, darunter auch drei Mal am Bodensee, in Bregenz, Konstanz und Kreuzlingen.

In Gottlieben aber sang und singt nur mein Herz. In diesem winzigen Teil des großen Sees lebe ich mein größtes Glück!

Theodor Fontane
Brief aus Neuhausen

Liebe Frau.

Ich blieb im »Storch« drei Stunden länger, als ich berechnet hatte. Schönheit und Liebenswürdigkeit der Wirtin waren nicht schuld daran; es sah aus, als habe der Storch sie zu viel oder zu wenig gebissen. Ihr Antlitz klärte sich auch nicht auf, wohl aber das Wetter. Dies bestimmte mich, nicht direkt nach Konstanz, sondern nur bis Neuhausen (Station in Nähe von Schaffhausen) zu gehen. Man bleibt jetzt in der Regel an diesem Ort, weil man den Rheinfall von hier am schönsten sieht.

Die ganze Rheinfallszenerie übertrifft weitaus meine Erwartungen, so das ganze Rheintal überhaupt, in dem wir gestern hierher fuhren. Rheinfelden, Säckingen und vor allem Laufenburg sind sehr schön. Schon vor zehn Jahren, als ich von Interlaken und Zürich heimkehrte, bin ich daran vorübergefahren, aber ohne das Geringste zu sehen. So reist man jetzt. Wahrscheinlich war ich müde und steckte auch nicht ein einziges Mal den Kopf zum Fenster hinaus. Der Rheinfall wirkt wie eine Jungfrau. Was dort der Schnee tut, tut hier der Wasserschaum. Man steht hier wie dort einem Etwas gegenüber, das einen durch Reinheit beglückt. Dazu verwandte Farbenwunder. Inmitten dieser Schaummasse, die völlig wie ein Schneesturz niederdonnert, werden smaragdene Töne sichtbar, die an Schönheit mit dem Alpenglühen wetteifern können. Dies hier ist ein Punkt für Hochzeitsreisende! Von Hotel zu Hotel traben oder Galerien absuchen kann dem tapfersten Recken den honey-moon verleiden, aber in diesem Schweizer-Hof vierzehn Tage zu leben und das Dasein in Liebe, Rheinfall und substantial breakfast gipfeln zu sehen, muß für einen Fünfundzwanzigjährigen himmlisch sein. Selbst die Langeweile verliert hier ihren Charakter. Es braucht hier nichts gesagt zu werden, ja es soll hier nichts gesagt werden. Die Natur ist in einem steten Donner, und wenn es donnert, schweigt der Mensch. So wird hier auf natürlichem Wege, und fast von Schicklichkeit wegen, die Klippe vermieden, an der fast alle Liebespaare scheitern: die Unterhaltungsnot. Gesagt ist alles, und immer küssen geht über die menschliche Kraft.

Jacob Picard
Jüdische Kindheit am Untersee

Bei allem Bewußtsein der Unterschiede lebten wir mit den christlichen Nachbarn friedlich zusammen. Sie nannten uns nicht Juden, sondern »d'Hebräer« ohne irgendwelche Gehässigkeit, sofern überhaupt diese Unterscheidung gemacht wurde. Wir Kinder gingen in die gemeinsame Volksschule des liberalen Landes Baden, Jungen wie Mädchen in die selben Klassen und hatten nur den Religionsunterricht getrennt. Wie war ich verblüfft und stolz zugleich, wenn ich von da in den Lateinunterricht zu Pfarrer Buri kam und er mich aus der Tefillah, die ich noch bei mir hatte, vorlesen ließ und dann sagte: »Aber übersetzen kannst's nicht«, während er mir die Stelle verdeutschte; der Priester des anderen Glaubens verstand unsere heilige Sprache.

Wenn ich jetzt zurückschaue, so fällt mir auf, daß unsere Knabenspiele doch meist beschränkt waren auf die Kameraden aus der engeren Gemeinschaft; aber vielleicht rührte es nur daher, daß wir Juden in einer gewissen Geschlossenheit, obwohl nicht ausschließlich unter uns, zusammen entlang der Hauptstraße wohnten, und zwar in großen, schön ausgebauten Häusern mit einer Architektur ähnlich der Synagoge, während die andern und ihre Kinder meist im Oberdorf mehr zwischen den Feldern siedelten. Für mich freilich bestand eine einzelne Ausnahme, herrührend gewiß nur aus der Tatsache, daß das Haus unseres Nachbarn, Altersgenossen von Vater, des Tischlermeisters Trueb, der auch Landwirtschaft hatte, unweit hinter unserem Garten stand.

Ferdinand Trueb trank gern und kam nie auf einen grünen

Zweig, bis seine Söhne mithalfen in der Werkstatt. »Simon«, kam er manchmal zu meinem Vater, »ka'sch mer nit mite paar Mark ushelfe?« Und er wußte, daß er nicht vergebens fragte. Die Spiele aber mit seinem Sohn Ottmar sind insofern bedeutungsvoll für mich geworden, als sie meistens in der Werkstatt seines Vaters stattfanden. Da lernte ich sägen, Holz spalten, nageln und leimen, Handfertigkeiten, die mir im Leben genützt haben, wie ich überhaupt die Verbindung mit den Urformen des Wachstums, der Bebauung des Landes, des Erntens seiner Früchte nicht hoch genug werten kann als Ursachen für die Bildung meines Wesens nicht nur, sondern für den Halt, den es gewann zum Bestehen der Fährlichkeiten des Lebens, zusammen freilich mit dem religiös moralischen Grundbau, der früh in die Tiefe versenkt wurde und ins Unbewußte.

Die ganze Art meiner Knabenspiele gehört ja hierher, und das, womit wir uns abgaben im Ablauf der Monate des wachsenden Jahres. Kaum waren die Blätterknospen geplatzt an Bäumen und Büschen, und überall war zartes Grün über Wiesen und Hängen, und der Saft stieg bis in die Dolden, als wir schon zwischen den mit gelben Blütenkätzchen vollen Weiden und bei den Pappeln am Ufer standen, Pfeifen und Flöten aus den Zweigen schneidend, so daß bald von da und dort bukolische Töne einander lockten über die Gärten und Riedwiesen hin. Sie waren mit der zartgelben Flut der Schlüsselblumen und am Rande von kleinen Rudeln der edlen Veilchen bestanden. Voll ihres Duftes und des erregend bitteren Geruchs aufspringender Knospen war die Luft, die bald auch erfüllt wurde vom unendlichen Gezwitscher der mit dem Föhn aus dem Süden heimgekehrten Singvögel in den frühen Morgen hinein. Mai kam, und der weiße Rausch der blühenden Obstbäume vor der Bläue des Sees ließ das Grün fast verschwinden, und bald standen die Wiesen mit der Vielfalt der Sommerblumen hoch im Wuchs, das erste Gras wurde geschnitten, und das gedörrte Heu mit seinem brandigen Geruch wurde in die Scheune gefahren, während wir auf den hoch beladenen Wagen in der Sonne lagen. Schon waren auch die Beeren reif im Wald, um, von uns gepflückt, der Mutter gebracht zu werden, die sie einkochte oder uns frisch zu essen gab mit Milch und Brot; Erdbeeren, Heidelbeeren und später, an der Julihitze süß geworden, Himbeeren, die wir an den sonnenheißen Hängen des Berges fanden und singend ins Dorf trugen. An den Abenden aber schrien die Kiebitze überm Ried aus ihrem Taumelflug nach Insekten und ihren Weibchen, bis sie in unseren Knabenschlaf hinein übertönt wurden vom unendlichen Geläute der Millionen Frösche im schilfigen Wasser nahe dem See, Töne, uns einfügend in das geheimnisvolle Leben der Natur außerhalb unserem eigenen. Und da war immer der See, das ganze Jahr hindurch, immerwährende Verlockung. Daß wir ruderten in den schweren Booten, die irgend jemand gehörten im Dorf, war selbstverständlich. Ich konnte mit sieben Jahren Schlittschuh laufen, wenn das Wasser glasklar gefroren war von Ufer zu Ufer bis in die Schweiz hinüber, und nicht viel später habe ich schwimmen gelernt, das mir immer wieder Erholung und Lust bedeutet; Wasser, Seewasser, ewig zeugendes Element, das mich beruhigt schon im Anschauen wie auch heute noch, wenn ich manche Stunden der New Yorker Tropenhitze von der Bank am Park hoch über des breiten gütigen Hudson Fläche schaue, als auf ein Verwandtes seit je.

Höchste Lust jedoch bedeutete uns das Fischen, solange es uns auch verboten war; sei es, daß wir auf der Ufermauer von Fromel Wolfs Garten, die überhangen war vom breiten Blätterdach des Birnbaums, so daß wir nicht gesehen werden konnten, oder in der Bucht am Horn aus den hängenden Dolden der alten hohlen Weide die Angel mit dem Wurm ins Wasser senkten; immer gleich war die Erregung, in der Tiefe die stillen, reinen und schlanken Schwimmer spielen oder nach Beute schießen zu sehen und zu warten, bis einer lauernd nach dem Köder schielte, der sein Verderb werden mußte; und dann den ebenmäßigen feuchten Körper mit seinem besonderen Geruch in der Hand zu halten, einen graugrünen Barsch, der noch kurz zuvor räuberisch vor unseren Augen das Kleinfischzeug verfolgt hatte, so daß es vor Angst aus dem Wasser schnellte, oder einen schönfarbigen, wie zahmen Weißfisch mit den rötlich goldenen Flossen, nicht zu reden davon, wie wir in späteren Jahren einen mit der Schleppschnur aus dem Boot gefangenen, sich wütend wehrenden Hecht empfingen, das höchst zu Erreichende an sportlicher Beute, zusammen mit meinem alten Kameraden Nathan Wolf, der heute wieder der Arzt ist im Dorf wie viele Jahre vorher, nachdem er von der Flucht in die Schweiz nach sechs Jahren zurückgekehrt und zum Bürgermeister gewählt worden ist nach dem Krieg und der Verfolgung.

Im Spätherbst, wenn die Felder und Bäume abgeerntet, die Äste blätterlos standen und nur vereinzelte vergessene Früchte uns lockten, durften wir, stolz auf das uns gezeigte Vertrauen, die Kühe auf die Weide treiben, die in der schon nebligen Luft langsam zwischen den hellen lila Flämmchen der Herbstzeitlosen schreitend, das letzte karge Gras von den Wiesen fraßen. Dann geschah es wohl, daß wir, hungrig geworden, oder nur um des Spaßes willen, uns unter das Euter eines der geduldigen Muttertiere setzten und die warme Milch in den Mund molken. Das war eine Missetat, von der kein Erwachsener wissen durfte; denn wo nahmen die Kühe dann am Abend die Milch her, die den Eimer füllen sollte?

Zuweilen schrie dann einer plötzlich: »Der Gottfried, der Gottfried!«, ohne daß jemand den alten vollbärtigen Feldhüter und Schermäuser sah, der die Maulwürfe aus den Wiesen der Gemeinde grub; sie hingen tot an den Schwänzen außen an seiner Ledertasche. Ein Ruch von herbem Tabak, von weitem durch den Wind zu uns hergetrieben, hatte ihn angekündigt, bevor er erschien, die gebogene Pfeife tief herab aus dem Munde hängend, indessen er bald geruhig schreitend aus einer Geländefalte auftauchte. Schnell hatten wir uns erhoben und mit lautem Rufen die Tiere zu neuen Futterstellen gelenkt. Der Alte hat immer auf mich gewirkt wie Pan, die Verkörperung der Landschaft um uns her.

Hermann Hesse
Dem Sommer entgegen

Als ich heute erwachte und aufstand, hatte das Wetter sich zum Guten gewendet, den sattblauen See bestrich ein mäßiger Ostwind mit zitternden Silberfurchen, die blühenden Kronen der Birnbäume standen frohlockend und strotzend gegen einen hellblauen Himmel, und lichte Bläue spiegelte sich im Brunnentrog und in den kleinen, schon fast vertrockneten Wasserlachen der Landstraße. In der Kapelle, die meinen Fenstern gegenüber liegt, war der Mesner mit den Zurüstungen zur Maiandacht beschäftigt. Auf dem improvisierten Zimmerplatz meines Nachbarn, der seinen Stall umbauen und vergrößern will, leuchtete und duftete in der schon prächtig warmen Sonne froh und festlich das weiße tannene Balkenholz.

Da fiel es mir aufs Herz, daß mein Ruderboot noch immer winterlich unter Dach stand und noch immer nicht revidiert, gestrichen und flottgemacht war. Schon mehrmals hatte ich an schönen, zum Seefahren verlockenden Tagen meine Saumseligkeit verwünscht und bitter bedauert und hatte dann, aus Trägheit und aus Mißtrauen gegen das Wetter, die Arbeit doch wieder auf ein andermal verschoben. Es war nachgerade eine Schande, und die Nachbarn, die mein Schifflein noch immer im Schuppen verstaut sahen, begannen zu grinsen und mich bedauernd anzusehen. Jetzt war es höchste Zeit, und ich beschloß, die Arbeit heute noch vorzunehmen.

Die Farben standen schon bereit, ich brauchte sie nur noch mit Leinöl anzurühren, und bald durchzog der scharfe pikante Ölgeruch das Haus. Die große Schürze vorgebunden, begann ich das Boot und die Ruder zu reinigen und dann zu malen. Wie das fleckte und ausgab, wenn ich den schweren, breiten, saftig mit Ölfarbe gefüllten Pinsel über die Planken hinstrich! Wenn so das Feuilletonschreiben ginge, und wenn es so lustig wäre! Hühner gackerten vorbei, zwei junge Hündlein balgten sich und brachten meinen Ölkrug in Gefahr, Kinder kamen und schauten zu. Und die Nachbarn, wenn sie vorüberkamen, lachten und riefen: »Also endlich?«

Man malt ja die modernen Sportboote jetzt meistens hellbraun oder gelblich wie Kanzleimöbel. Aber mein Nachen muß schöner aussehen, ich streiche ihn mit dem alten, traditionellen, feurigen Grün und Hochrot, und ebenso Ruder und Zubehör. Eine Ruderschaufel muß rot sein, keine andere Farbe klingt mit dem Blau oder Grün des Wassers so freudig und lebendig zusammen.

Vier Stunden, fünf Stunden strich und salbte ich mit Eifer, dann schien es mir für diesen Tag genug. Noch ein paar Tage, dann wird alles fertig und geordnet sein, dann führen wir das Boot auf einem Wagen mit zwei Kühen an den Strand, und den Kühen werden die Hörner bekränzt, und dann mache ich meine erste Ruderfahrt in diesem Jahre allein und still, und es wird wie jedes Jahr ein Tag voll schweigender Herrlichkeit und voll wunderbar schwellender Erinnerungen sein.

Drei Dinge gehören für mich notwendig zu einem richtigen Sommer: Glühheiße, gelbe, schwerbrütende Kornfelder – ein hoher, kühler, schweigsamer Wald – und viele Rudertage. Rudertage! Ich denke an solche, da über See und Bergen ein glänzend blauer Himmel stand, da die Luft vor Hitze zitterte und vor Sonnenwärme das Holz des Bootes knisterte. Dann muß man halb nackt im breiten Schattenhut blendend blanke Seebuchten befahren und häufig baden oder schöne Rasten im dichten Ufergebüsche halten. Und ich denke an Rudertage, da ich bei bedecktem Himmel und frischem Wind stundenlang durch lauter Silber fuhr. Und an Tage, da ich keuchend über das schwarze, brodelnde Wasser jagte, vor einem jäh aus dem Gebirg hervorbrechenden Gewittersturm auf der Flucht. Da liefen blanke, eilige Schaumflocken über die dunkle, schwärzliche Fläche, peitschende Windstöße sprühten nadelfeinen Wasserstaub auf, und hastige Blitze fieberten blaß und zuckend durch die leidenschaftlich erregte, ängstlich schwüle Luft.

Das alles soll nun wiederkommen: Sommer, Kornfelderglut und Waldkühle, milde Abendröten am Schilfstrand, brennende Fahrten durch den blauen Mittagsglast und herrliche, seelenlösende, brausende Gewitter. Man hört ja immer wieder sagen, der Frühling sei die schönste Zeit des Jahres. Aber das Schönste an ihm ist doch die Vorfreude, das Erwarten des Sommers. Schnell ist der sanfte, sehnsüchtig laue Frühling vergessen, wenn der Sommer kommt und herrscht, wenn Sonne und Erde in Liebe und Kampf einander näher sind, wenn die Wärme mächtiger und inniger, die Regengüsse wilder und wuchtiger, die Tage leuchtender und die Nächte blauer sind. Da strahlen die Kastanien in unbegreiflicher Fülle und Pracht ihre weißen und roten Blütenkerzen aus, da verschwendet der Jasmin in betäubenden Wolken seinen süßen, lodernden Duft, da bleicht das Getreide, wird schwer und golden und rauscht üppig und festlich auf hunderttausend Halmen, da gärt der feuchte, schwarze Waldboden und wirft Mengen von farbigen Pflanzen ans Licht. Und überall zittert heimlich ein glühendes, wildes, berauschtes Lebensfieber. Denn der Sommer, der wahre Sommer, ist kurz, und kaum glänzt das Gefilde goldener und rauschen die Ähren voller und tiefer, so droht auch schon Sichel und Sense und heißer Erntekampf.

Das alles soll nun wiederkommen. Im hellgrünen Waldtal tönt unermüdlich der Kuckucksruf, die Matten reifen rasch zum ersten Schnitt, der dunkle Klee geilt üppig, und die Saatfelder leuchten saftig grün. Am Waldrand glänzen weiße Maiblumen unter ihren breiten Blättern, und auf breiten Felderstreifen blüht der schwefelgelbe Raps.

Das ist die Zeit, in der der Mann zum Kinde und das Leben wieder zum Wunder wird, da jeder Tag unerwartet Neues bringt und jeder kleine Wiesengang eine Überraschung und ein Märchen ist. Es geht dem Sommer entgegen, der königlichen Zeit, den Tagen der Kornreife und den Nächten der Gewitter. Wohlan, ich bin bereit, noch einmal das Unerhörte zu erleben und Tage des Überflusses und der überschäumenden Pracht zu sehen, und ich möchte keinen Tag und keine Stunde versäumen, ehe allzu früh der Bauer den Wagen bekränzt und im reifen Korn die gierige Sichel rauscht!

Ludwig Finckh
Das alte Bauernhaus

Auf dem freien Platz vor dem Schulhaus von Gaienhofen, wo die Kinder zwischen den Stunden sprangen und spielten, stand eine junge Linde, etwas älter als wir selber, eine Friedenslinde, und dahinter begann schon ein kleines Gärtchen, in dem Frau Maria Gemüse und Blumen zog, Kapuziner gelb und rot, die ihr Mann so liebte. Das nächste Haus mit den starken Eichenbalken war das Hessehaus. Es mochte nicht lange nach dem Brand des Dorfes im Dreißigjährigen Krieg – 1632 – erbaut worden sein, denn die Eichenbalken waren so hart, daß sich die stärksten Nägel, die man hineinschlug, bogen.

In diesem einfachen Bauernhaus gegenüber der Kapelle, dem Kirchle, wohnte und dichtete Hermann Hesse drei Jahre lang (1904-1907). Es waren die glücklichsten Jahre seiner jungen Ehe. Nach dem gewaltigen Erfolg seines »Peter Camenzind« war er der gefeiertste Dichter in Deutschland, umworben und begehrt von Zeitschriften und Verlegern, und doch immer der bescheidene, gütige, zärtliche Mensch, allen offen und zugewandt, der den Dorfbewohnern Rätsel aufgab. Schriftsteller? Was war das für ein unbekannter Beruf? Wir galten den Leuten als Müßiggänger; »so, gont'r spaziere?« war der alltägliche Gruß für die Schriftsteller, da wir keine Sensen trugen, wenn wir über Feld gingen. Dabei war Hesse der fleißigste Arbeiter, den ich kannte.

Zu ebener Erde in der Südostecke des Hauses lag die altersbraune, getäfelte Stube mit dem grünen Kachelofen und der Fensterbank um den Tisch, auf der wir saßen, wenn erzählt, gehört und gespeist wurde, der geliebte schwarze Kater Gattamelata schnurrte und ließ sich hätscheln, und der Hausherr holte ein Krüglein roten Seeweins aus dem Keller herauf. Nebenan im kleinen Zimmer stand das Klavier, auf dem Frau Mia am Abend meisterlich spielte, oft Chopin, dessen Musik in manchen Versen Hesses durchzuklingen scheint. Ich wußte damals so wenig wie er, daß unter seinen estländischen Vorfahren eine polnische Ahnfrau aufspielte. Wenn dann Gäste kamen – wir hatten in Konstanz Freunde gefunden, und Max Bucherer, der dritte in unserem Bunde, Maler und Holzschneider, war von Gottlieben hergezogen– nahm er sie wohl mit hinauf in sein Arbeitszimmer in dem Stock über der Stube, wo die schön gebundenen und sorgsam gepflegten Bücher standen. Man sah vom Fenster hinaus auf den Bodensee und das Schweizer Ufer gegenüber von Berlingen bis Konstanz, die Reichenau und der Bodanrück wurden noch gestreift, und der Brunnen am nachbarlichen Brennhaus schloß die Sicht. Eine lange schwarze Brissago hatte er sich angesteckt, es war immer ein fast feierlicher Augenblick, – er rauchte sie genußvoll langsam ab und ließ doch noch einen gehörigen Stumpen übrig, um dem Nachbarn, dem alten Meßnernaz, eine Freude zu machen, der von Woche zu Woche die in einem Becher gesammelten Tabakreste zu holen kam, um sie ebenso genußvoll vollends aufzuschmauchen. Voller Freude zeigte Hesse dann den Gästen, was er inzwischen in Büchern gemalt hatte, – hier fingen die ersten beglückenden Malereien an, die er dann später in Montagnola unter einem blaueren Himmel so farbenfreudig weiter entwickelte.

Hier entstanden nun auch die kostbaren Betrachtungen und Erzählungen der frühen Novellenzeit und wundervolle Gedichte, die er uns beim abendlichen Lampenschein vorlas. In diesem Haus kam auch der älteste seiner drei Söhne, Bruno, auf die Welt. –

Wir lagen in diesen Sommern viel im Boot auf dem See, sonnten uns, fuhren nach Steckborn hinüber oder ins »Schweizerland«, ein Gasthaus zwischen Steckborn und Berlingen, wo Rudolf G. Binding Ferienwochen verbrachte; oder wir lagen an unserem schilfumsäumten Pappelplatz Hornstaad zu, wo eine kleine Bucht den schönsten Badeplatz bot. Es waren sonnige, unbeschwerte, sorgenlose Tage unter Blumen und Tieren; die Haubentaucher schwammen um uns, die Wildenten quakten, grüne, goldene und rosenfarbige Libellen schwebten im Schilf, Eidechsen und auch unschuldige braune Ringelnattern sahen uns zu, sonnenhungrig wie wir selber. Manchmal zog Hesse, Chattus puer, wie als Knabe in Calw mit dem Schmetterlingsnetz aus – Meister im Falterfang –, und manchmal stand er am Ufer oder auf dem langen Landungssteg und hing die Angel ins Wasser. Auch dies wohlgeübt an der Nagold im Schwarzwald.

Von Zeit zu Zeit suchten wir Freunde auf in der Stadt, Wilhelm von Scholz, Emil Strauß, der damals noch in Überlingen wohnte, Emanuel von Bodman in Gottlieben; einmal wanderten wir von Emil Strauß her über die Felder und Wiesen nach Friedrichshafen, und einmal fuhren wir nach Graubünden ins Bergell, nach Bergün, wo Bodman nachts einen seltenen Schmetterling, den Alpenbären, fangen wollte. Wir lernten bei der schmucken Wirtstochter Rätoromanisch und riefen nachher im Zug vergnüglich den Reisenden aus dem Fenster ein Wort zu, das als volkstümlicher Gruß gedacht war – Ronjux –, aber bald an den befremdeten Gesichtern als ein bündnerischer Vetter des Schwäbischen Grußes erkannt wurde. Von Sils Maria, Maloja zielten wir in den Tessin und kürzten die Wanderung, auf einem Pritschenwagen stehend, hinter flinken Maultieren ab. Damals kamen wir, berauscht von Sonne und Farben, hinunter bis an den Luganer See, – vielleicht ging in dem Freund da jener Funken auf, der nachher zur warmen Herdflamme einer eigenen Heimat wurde. –

Welche Wonne dann immer wieder, wenn wir von einer Fahrt zurückkehrten und aus dem Wald Langeneichen heraustretend unseren blauen Untersee mit dem weltvergessenen Dörflein unter uns liegen sahen! Noch waren wir vom alten Zauber gefangen und bestrickt und lebten als Bauern unter Bauern. – Ich hatte mir ein halbverfallenes Häuschen erstanden, aus dem ersten Erlös des »Rosendoktors«, das ich wieder herrichtete und anstrich. Eine Hecke mit wilden Rosen pflanzte ich um das kleine Gut. Einen *Rosenstock* pflanzte ich auch einmal hehlings vor Hesses Haus und hatte die Dorfmusikanten von Schienen heruntergebeten, ihm in aller Herrgottsfrühe unter seinem Fenster ein zünftiges Ständchen zu bringen; denn es war sein Geburtstag. –

Die Linde auf dem Schulplatz ist heute ein mächtiger Baum geworden, unter dem wie einst die Schulkinder springen und spielen, davon die Nachbarinnen sommers auf Leitern die goldgelben Lindenblüten zupfen. Die Aussicht auf den See ist zur Hälfte verbaut durch ein neues Haus auf dem Hügel gegenüber, und ein roher Elektrizitätsmast, der im Weltkrieg hineingesetzt wurde, zerschneidet das friedliche Plätzchen. Der arme, schwachsinnige Othmar, der nur wenige Worte lallen konnte und uns immer freundlich grinsend anlachte, ist längst gestorben. Auch das zweite Hessehaus über dem Döbele, das 1907 gebaut wurde, im gleichen Sommer mit dem meinigen nach dem Brand, vom gleichen Architekten Hans Hindermann aus Basel – Geburtshaus von Heiner und Martin Hesse –, wird von andern Menschen bewohnt. Hermann

Hesse lebt seit Jahrzehnten in der Schweiz weitab – am Luganer See. Aber gestern, da ich wieder einmal im alten Bauernhaus stand, stiegen all die schönen, reichen und glücklichen Tage aus der Seele herauf, die wir zusammen erlebten, und ich meine, es hätte niemals eine gnädigere Sonne über uns geschienen, und niemals wäre irgend ein Wetter oder Unheil über der Welt gestanden.

Alissa Walser
Die Höri

Liebe S., Du hast recht: Wir wollten immer weg vom See und haben uns nie gefragt, warum. Vielleicht haben wir so genau gespürt, warum, daß wir es nie sagen mußten. Wenn Du mich heute fragst: Wir wollten nicht weg vom See, wir wollten weg von uns selbst, von den Internatsschülern, die wir waren. Ihr wißt gar nicht, wie gut ihr's habt, das hörten wir dreimal am Tag. Von Verwandten, Fremden, Lehrern. Nein, wir haben es nicht gewußt. Dauernd mußte der See herhalten. Seine Glätte. Das Licht. Die immersanften Hügel. Die nahen Ufer und die weiten. So beliebt war er, daß wir das Gefühl hatten, der Seegrund müsse bedeckt sein mit den Herzen derer, die sie ihm geschenkt hatten.

Gestern nahm ich den Bus nach Gaienhofen. Als ich durch die lange Pappelallee fuhr (Bruno Epple, der Maler, vergleicht sie sehr treffend mit einer Garde, aber dazu später), erinnerte ich mich daran, wie wir damals am Straßenrand gestanden haben, Autos anhielten. Die Dörfer mieden wir, wir standen in der Landschaft, bei jedem Wetter, meistens lange, und oft kehrten wir ins Internat zurück, ohne weggewesen zu sein.

Und heute? Heute haben sie ein paar Bäume vor das Schulgebäude gepflanzt. In Gaienhofen gibt es ein Museum, das alte Hesse-Haus kann man besichtigen, und in Horn, oben auf dem Berg, strecken vier Kräne ihre Schnäbel in den Wind. Auf den Häusern, neuen wie alten, die Satelliten-Schüsseln, sie stehen ab wie große, weiße Micky-Maus-Ohren, immer offen, in der Hoffnung, die Welt könne irgend etwas hineinflüstern, was die Eintönigkeit durchbräche.

Nach dem Spaziergang besuchte ich den Maler Bruno Epple, der seit dreißig Jahren in Wangen wohnt, hoch über dem See. Die Höri ist sein Reich: Wenn er über sie spricht, braucht er bloß nach draußen zu deuten, wo der See zu allem, was er sagt, zustimmend blinkt. Mir wurde klar, wie unterschiedlich eine Landschaft empfunden werden kann. Seine Höri ist eine andere als unsere damals. Und meine heute.

»Also«, sagte er (in diesem Dialekt, von dem du immer behauptet hast, jedes Wort klinge wie ein Bauchplatscher ins Wasser), als wir in seinem Garten am Haus standen, »wer von Tuttlinge hierher kommt, von dieser Höhe, von dieser relativ kahlen Höhe ins Bodenseegebiet fährt, der kommt in 'ne andere Landschaft. Er fährt dann von Radolfzell in diese Pappelallee hinein, die dasteht wie so eine Garde, die sagt: Halt, du kommsch jetzt in besonderes Gebiet. Was ihm zuerscht auffalle mag, isch diese Fruchtbarkeit. Dieser vielfältige Baumbestand. Dieser stete Wechsel von Hügel und Tal, von auf und ab, und er wird so das Gefühl habe, hier ischt noch was ganz Vegetativ-Mütterliches am Werk, ihm wird überhaupt die ganze Höri wie ein einziger großer Garte vorkomme. Wenn er so von Dorf zu Dorf fährt, diese Üppigkeit, bis hin zu de Blume in de Fenschter und de Vorgärte, diese satte Fülle«. (...)

Weißt Du noch, was Du einmal beim Trampen gesagt hast? Wir standen zwischen Wangen und Marbach. Kein Auto hielt, und wir blickten von der Straße aufs Wasser hinunter, da hast Du gesagt: Der See ist gar nicht so schlecht für solche wie uns. Er liegt zwar vor uns wie eine Schüssel, aber die Schüssel hat einen Abfluß. Wenn man selbst am Fleck bleiben muß, bewegt sich doch wenigstens ständig was. Denn immerhin wird der See hier zum Fluß, und der Fluß mündet in einem Meer.

»Stell d'r vor«, sagte Bruno Epple, während ich so gut es ging mitnotierte, »du stehsch im Waldesinneren und drehsch dich um, und zwischen den Baumstämmen scheint es hell, hell durch den Himmel, hell aus der Tiefe heraus, wo der See heraufsilbert und heraufblaut. Und dann stehe die Bäume silhouettenhaft vor dir, im Hintergrund dieser helle, sonnendurchflutete Dunscht. Da hasch du Weite. Aber doch wieder eine begrenzte Weite. Rundum die Bergrücke. Am meischte öffnet sichs dann nach Koschtanz hin, wo sozusagen d'r Münschterturm auf d'r Horizontlinie liegt.«

S., erinnerst du dich: Konstanz, die mythische Stadt, unser Tor zur Welt. Hier gab es Theater und Kino! Galerien. Eine Uni. Cafés mit fremden Jungs. Die Fähre zur anderen Seeseite. Konstanz war eine wache Stadt. In Konstanz konnte man sich verlaufen. In Konstanz konnte man Glück haben. So ein Glück, das einen unverhofft genau dahin bringt, wo man gerne ist, wie ich das später in Großstädten erlebt habe.

Quellennachweise

Barbara Auer (*1959), Der See, mein glitzernder Hüter. Aus: Gerd Appenzeller (Hg.), Mein Bodensee, Bd. 2. Stadler Verlag, Konstanz 1993.

Johannes Bobrowski (1917-1965), Die Mainau. Aus: Ders., Gesammelte Werke, hg. von Eberhard Haufe, Bd. II. Dt. Verlags-Anstalt, Stuttgart 1998.

Emanuel von Bodman (1874-1946), Die Reichenau. Aus: Ders., Die gesamten Werke, hg. von Karl Preisendanz. Bd. II. Reclam, Stuttgart 1952. © Deutsche Schillergesellschaft, Marbach am Neckar.

Beat Brechbühl (*1939), Fußreise mit Adolf Dietrich (Auszug). Aus: Ders., Fußreise mit Adolf Dietrich. Nagel & Kimche, Zürich 1999.

Lisa della Casa (*1919), Der Kopfsprung in den See. Aus: Gerd Appenzeller (Hg.), Mein Bodensee, Bd. II. Stadler Verlag, Konstanz 1993.

Annette von Droste-Hülshoff (1797-1848), Der Sturm. Aus: Dies., Briefe in 2 Bänden, hg. von Karl-Schulte Kemminghausen. Eugen Diederich, Jena 1944.
Sommer. Aus: Dies., Sämtliche Werke in 2 Bänden, hg. von G. Weydt / H. Woesler. Winkler Verlag, München 1978.

Bruno Epple (*1931), Der Schatten des Hus. Aus: Das Buch da. Prosa. Edition Maurach. © Verlag Robert Gessler, Friedrichshafen 1991.

Ludwig Finckh (1876-1964), Das alte Bauernhaus. Aus: Ders., Gaienhofener Idylle. Karl Knödler Verlag, Reutlingen 1981.

Theodor Fontane (1819-1898), Brief aus Neuhausen. Aus: Ders., Briefe, hg. von Heinrich Marohl. Gebrüder Weiss Verlag, Berlin 1962.

Horst Wolfram Geißler (1893-1983), Wie der liebe Augustin entstand. Aus: Ders., Der liebe Augustin. Die Geschichte eines leichten Lebens. © 1995 Sanssouci im Carl Hanser Verlag, München.

Robert Gernhardt (1937-2006), Bodenseereiter. Aus: Ders., Gesammelte Gedichte 1954-2006. © S. Fischer Verlag, Frankfurt am Main 2008.

Heinrich Hannover (*1925), Die Birnendiebe am Bodensee (Auszug). Aus: Ders., Die Birnendiebe am Bodensee. Rowohlt Verlag, Reinbek bei Hamburg 1992. © Heinrich Hannover. Abdruck mit freundlicher Genehmigung des Autors.

Wilhelm Hausenstein (1882-1957), Konstanz. Aus: Ders., Badische Reise. Knorr & Hirth, München 1930.

Hermann Hesse (1877-1962), Spazierfahrt in der Luft. Hg. von Volker Michels. Jan Thorbecke, Sigmaringen 1977.
Dem Sommer entgegen. Aus: Ders.: Gesammelte Werke Bd. 6. Suhrkamp Verlag Frankfurt am Main 1987.

Norbert Jacques (1880-1954), Am Bodensee. Aus: Mit Lust gelebt. Roman meines Lebens. Kommentierte, illustrierte und wesentlich erweiterte Neuausgabe. Hg. von Hermann Gätje, Germaine Goetzinger, Gast Mannes und Günter Scholdt. © Röhrig Universitätsverlag, St. Ingbert 2004.

Ernst Jünger (1895-1998), Auf den Marmorklippen (Auszug). Aus: Ders., Auf den Marmorklippen. © Klett-Cotta, Stuttgart 17. Aufl. 1995.

Friedrich Georg Jünger (1898-1977), Wanderungen um einen See. Merian: Bodensee. Hoffmann und Campe, Hamburg 1950. © Johannes von Reumont. Abdruck mit freundlicher Genehmigung.

Verena Kast (*1943), Unser anderes Ufer. Aus: Dominik Jost (Hg.), Bodensee. Insel Verlag Frankfurt am Main 1993. © Verena Kast. Abdruck mit freundlicher Genehmigung der Autorin.

Ulrike Längle (*1953), Der Untergang der »Romanshorn« (Auszug). Aus: Dies., Der Untergang der »Romanshorn«. S. Fischer Verlag GmbH, Frankfurt am Main 1994. © Ulrike Längle. Abdruck mit freundlicher Genehmigung der Autorin.

Dino Larese (1914-2001), Lob des Bodensees. Aus: Südkurier, Konstanz 1989.
Das Schweizer Ufer. Aus: Merian: Bodensee. Hoffmann und Campe, Hamburg 1967.
Mit Heidegger in Hauptwil (Auszug). Aus: Ders., Mit Heidegger in Hauptwil. Amriswiler Bücherei, Amriswil 1960. © Staatsarchiv des Kantons Thurgau, Frauenfeld.

Golo Mann (1909-1994), Mit wehmütigem Vergnügen. Aus: Südkurier Konstanz 1983.
Wanderungen im Thurgau. Aus: Südkurier, Konstanz 1989.
Nachtphantasien (Auszug). Aus: Ders., Nachtphantasien. Erzählte Geschichte. © S. Fischer Verlag GmbH, Frankfurt am Main 1982.

Wilhelm Messmer, Das Dorf, der See und ich. Aus: Gerd Appenzeller (Hg.), Mein Bodensee, Bd. II. Stadler Verlag, Konstanz 1993.

Fritz Mühlenweg (1898-1961), Wohin am Bodensee? Aus: Ders., Lotte Mühlenweg (Hg.), Kleines Buch vom Bodensee. Simon und Koch, Konstanz 1954. © Familie Mühlenweg c/o Libelle Verlag. Abdruck mit freundlicher Genehmigung.

Elisabeth Noelle-Neumann (1916-2010), Das weiße Haus am Bodensee. Aus: Dies., Die Erinnerungen. Herbig, München 2006.

Jacob Picard (1883-1967): Erinnerung eigenen Lebens. Aus: Ders., Werke. Herausgegeben von Manfred Bosch. © Alle Rechte der Texte von Jacob Picard: Leo Baeck Institute New York. © 1996 für die deutschsprachige Buchausgabe und das Nachwort von Manfred Bosch: Libelle Verlag.

Hans Scherer (1938-1998), Konstanz ist eine Sommerstadt. Aus: Ders., Schiffe. Ein Reisebuch. © Oase Verlag, Badenweiler 1988.

René Schickele (1883-1940), Lindau im See. Aus: Bodenseebuch, Lit. Zeitschrift. Bodan, Kreuzlingen 1921.

Nikolaus Schubert, Uttwil. Das Dörfchen der Dichter und Maler. Aus: Bodenseehefte. Regio-Verlag, Tägerwilen 1986.

Gustav Schwab (1792-1850), Der Reiter und der Bodensee (Auszug). Aus: Ders., Der Reiter und der Bodensee. Verlag der J. G. Cotta'schen Buchhandlung, Stuttgart und Tübingen 1827.
Die Konzertmuschel. Aus: Ders., Ein hinreißender Schrotthändler. DuMont, Köln 1999.

Maré Stahl, Kleine Fische, große Fische. Aus: Merian: Bodensee. Hoffmann und Campe, Hamburg 1967.

Harriet Straub (1874-1945), Die Droste in Meersburg. Aus: Wüstenabenteuer, hg. von Ludger Lütkehaus. Kore, Freiburg 1991.

Marianne Ulrich, Süßwasserfische. Aus: Dies., Beziehungsstufen. 30 Kurzgeschichten. Huber, Frauenfeld 1988. © Orell Füssli Verlag, Zürich.

Karl Valentin (1882-1948), Inflation und Gewitter. Aus: Ders., Sämtliche Werke. Band 7: Autobiographisches und Vermischtes. © 1996 Piper Verlag GmbH, München.

Alissa Walser (*1961), Die Höri. Aus: Merian: Bodensee. Hoffmann und Campe, Hamburg 1995. © Alissa Walser. Abdruck mit freundlicher Genehmigung der Autorin.

Johanna Walser (*1957), Windhostie. Aus: Gerd Appenzeller (Hg.), Mein Bodensee, Bd. II. Stadler Verlag, Konstanz 1993.

Martin Walser (*1927), Fortgesetzte Naturnotiz (Auszug). Aus: Ders., Heimatlob. © Insel Verlag Frankfurt am Main 1982. Heimatlob mit Legende (Auszug). Aus: Ders., Heimatlob. © Insel Verlag Frankfurt am Main 1982. Von Wasserburg an. Aus: Heilige Brocken. © Suhrkamp Verlag Frankfurt am Main 1988. Was bleibt ist der Wechsel (Auszug). Aus: Ders., Heimatlob. © Insel Verlag Frankfurt am Main 1982. Zärtlichkeit. Aus: Ders., Die Verwaltung des Nichts. Aufsätze. Copyright © 2004 by Rowohlt Verlag GmbH, Reinbek bei Hamburg.

Hanspeter Wieland (*1948), Kurgäscht, Epfel und Dornjeh. Aus: Annäherung an eine Seeheimat. Konstanz o. J. © Hanspeter Wieland. Abdruck mit freundlicher Genehmigung des Autors.

Leopold Ziegler (1881-1958), Der Bodensee – Übereinstimmung von Natur und Kultur. Frankfurter Zeitung vom 14. 11. 1935, Verlag Frankfurter Societäts-Druckerei.